Svea Rogge

TIERE
in Berlin und Brandenburg

Jaron

INHALT

HANDS ON! MITMACHEN UND VERNETZEN

KLASSISCH ODER KURIOS?

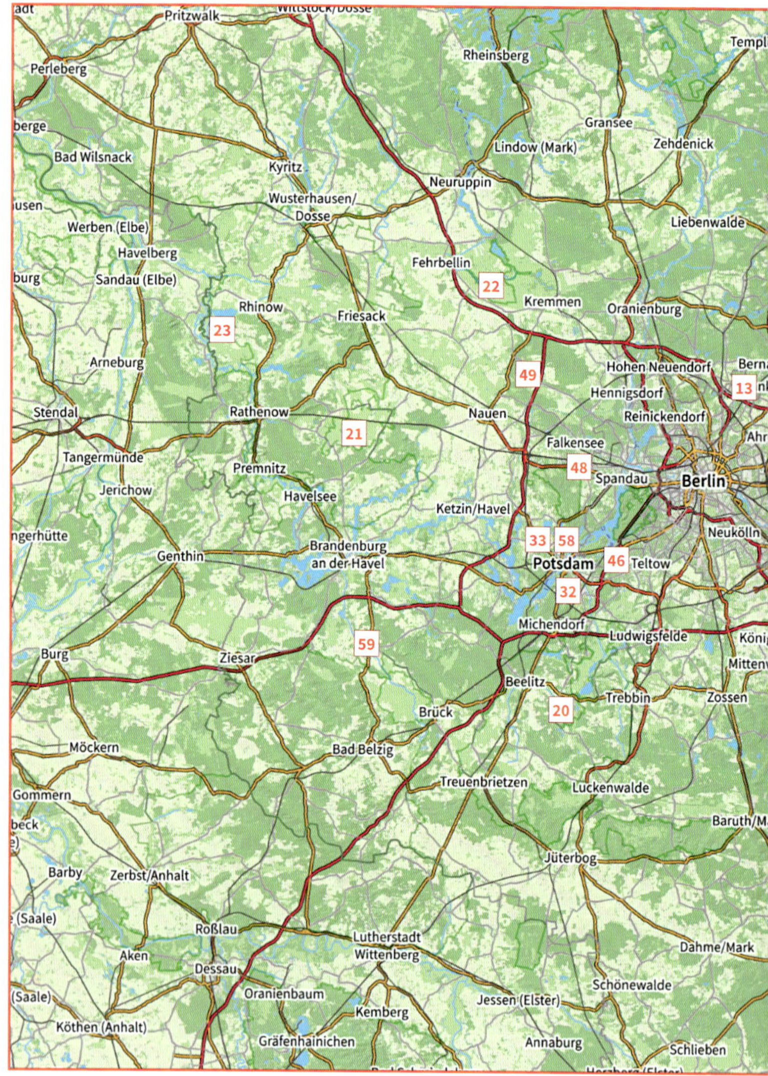

Pritzwalk
Perleberg
Rheinsberg
Gransee
Zehdenick
Bad Wilsnack
Lindow (Mark)
Kyritz
Neuruppin
Wusterhausen/
Dosse
Liebenwalde
Werben (Elbe)
Havelberg
Fehrbellin
Sandau (Elbe)
22
Kremmen
Oranienburg
Rhinow
Friesack
23
Arneburg
49
Hohen Neuendorf
Hennigsdorf
13
Stendal
Rathenow
Nauen
Reinickendorf
21
Falkensee
Tangermünde
Premnitz
48
Spandau
Berlin
Jerichow
Havelsee
Ketzin/Havel
33
58
Neukölln
Genthin
Brandenburg
an der Havel
Potsdam
46
Teltow
32
Michendorf
Ludwigsfelde
59
Burg
Ziesar
Beelitz
Trebbin
Zossen
20
Brück
Möckern
Bad Belzig
Treuenbrietzen
Luckenwalde
Gommern
Jüterbog
Barby
Zerbst/Anhalt
Roßlau
Lutherstadt
Wittenberg
Dahme/Mark
Aken
Dessau
Schönewalde
Oranienbaum
Jessen (Elster)
Kemberg
Köthen (Anhalt)
Gräfenhainichen
Annaburg
Schlieben

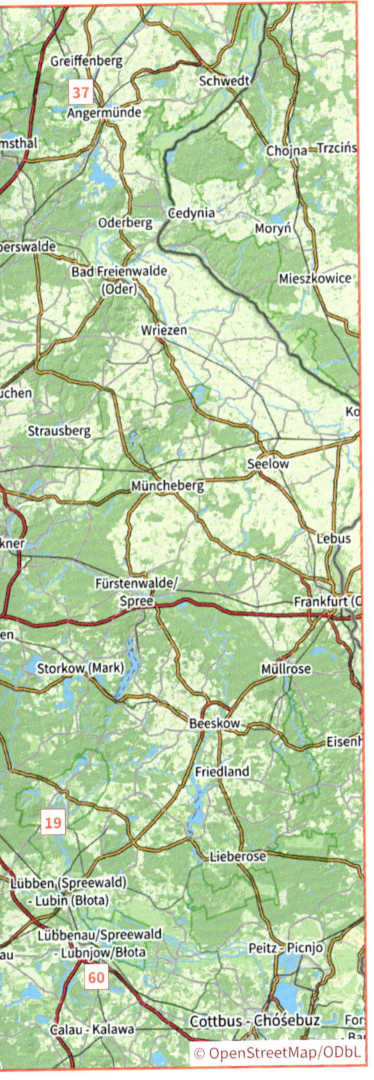

BRANDENBURG

13	Gut Hobrechtsfelde
19	Beobachtungsturm Wussegk
20	Naturpark Nuthe-Nieplitz
21	Beobachtungsturm Garlitz
22	Linumer Teiche & Storchenschmiede
23	Gülper See
32	Falkenhof am Waldhaus Potsdam
33	Naturkundemuseum Potsdam
36	Wildpark Schorfheide
37	Blumberger Mühle
46	Lamazentrum Berlin-Brandenburg
48	Tierheim Falkensee
49	Eselfreunde im Havelland
58	Biosphäre Potsdam
59	Krokodilstation Golzow
60	Spreewelten Bad Lübbenau

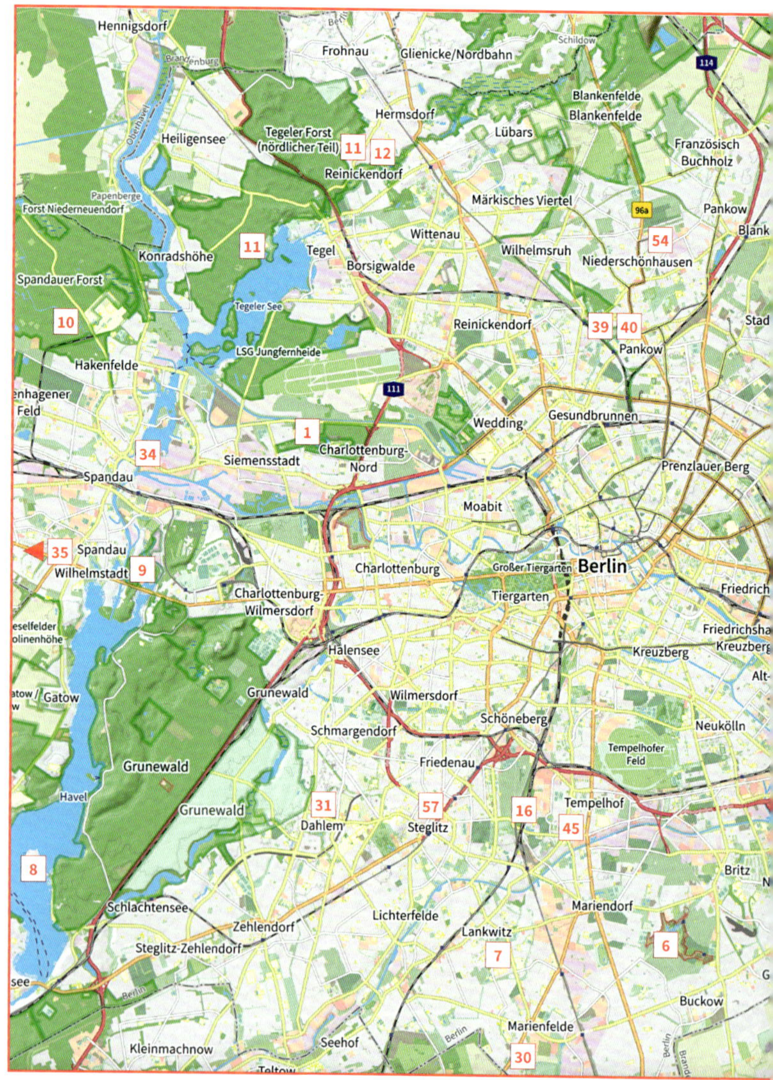

Hennigsdorf
Frohnau
Glienicke/Nordbahn
Hermsdorf
Lübars
Blankenfelde
Blankenfelde
Französisch Buchholz
Heiligensee
Tegeler Forst (nördlicher Teil)
11
12
Reinickendorf
Märkisches Viertel
Pankow
Papenberge
Forst Niederneuendorf
Konradshöhe
11
Tegel
Wittenau
Wilhelmsruh
54
Niederschönhausen
Borsigwalde
Spandauer Forst
Tegeler See
10
Reinickendorf
39
40
Pankow
LSG Jungfernheide
Hakenfelde
Wedding
Gesundbrunnen
1
34
Siemensstadt
Charlottenburg-Nord
Prenzlauer Berg
Spandau
Moabit
35
Spandau
Wilhelmstadt
9
Charlottenburg
Großer Tiergarten
Berlin
Tiergarten
Charlottenburg-Wilmersdorf
Halensee
Kreuzberg
Gatow
Grunewald
Wilmersdorf
Schöneberg
Neukölln
Schmargendorf
Tempelhofer Feld
Friedenau
Grunewald
Havel
31
57
16
Tempelhof
45
Grunewald
Dahlem
Steglitz
8
Britz
Schlachtensee
Mariendorf
Zehlendorf
Lichterfelde
Lankwitz
6
Steglitz-Zehlendorf
7
Buckow
Marienfelde
Kleinmachnow
Seehof
30

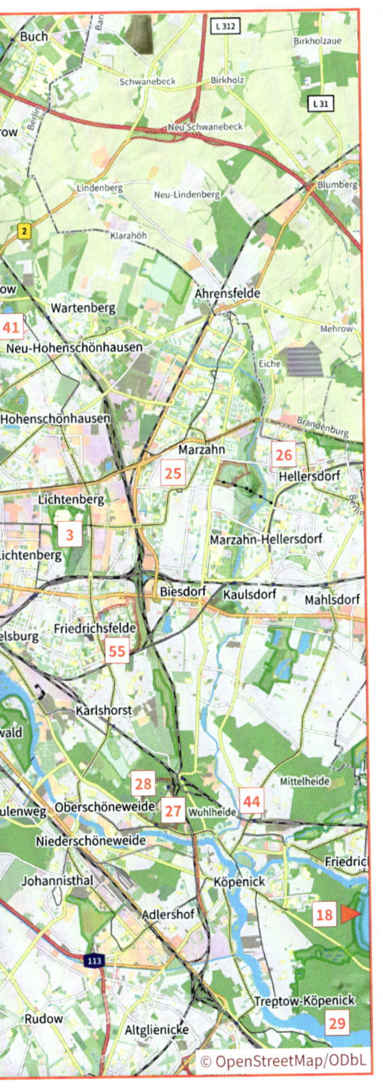

BERLIN

1	Volkspark Jungfernheide
3	Landschaftspark Herzberge
6	Britzer Garten
7	Wildtiergehege Lankwitz
8	Pfaueninsel
9	Tiefwerder Wiesen
10	Wildtiergehege Spandauer Forst
11	Wildtiergehege Tegeler Forst
12	Tegeler Fließ
16	Naturpark Südgelände
17	Karower Teiche
18	Müggelsee
25	Tierhof Alt-Marzahn
26	Helle Tierarche
27	Haus Natur und Umwelt
28	Bienenlehrgarten BeeInBerlin
29	Schmetterlingshorst
30	Naturschutz- und Rangerstation
31	Domäne Dahlem
34	Zitadelle Spandau
35	Fort Hahneberg
39	Kinderbauernhof Pinke-Panke
40	NABU Berlin
41	Kinderbauernhof Knirpsenfarm
44	Natur- und Abenteuerspielplatz
45	Kinderbauernhof in der ufaFabrik
54	Hundecafé Fellfreunde
55	Tierpark Berlin
57	Globetrotter Steglitz

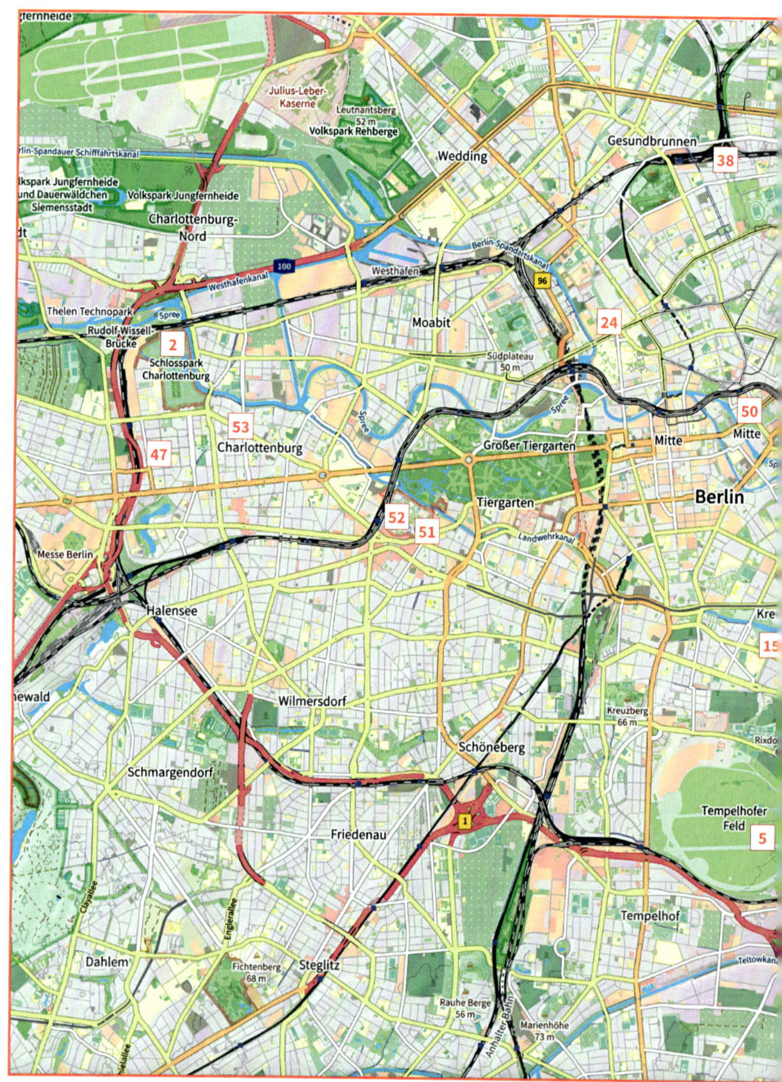

Julius-Leber-Kaserne
Leutnantsberg 52 m
Volkspark Rehberge
Wedding
Gesundbrunnen
38
Volkspark Jungfernheide
Siemensstadt
Charlottenburg-Nord
100
Westhafenkanal
Westhafen
Berlin-Spandauer Schifffahrtskanal
96
Thelen Technopark
Spree
Rudolf-Wissell-Brücke
2
Schlosspark Charlottenburg
Moabit
24
Südplateau 50 m
53
47
Charlottenburg
Großer Tiergarten
Mitte
50
Mitte
Berlin
Tiergarten
52
51
Landwehrkanal
Messe Berlin
Halensee
Wilmersdorf
Kreuzberg 66 m
Schöneberg
Schmargendorf
1
Tempelhofer Feld
5
Friedenau
Tempelhof
Clayallee
Engleralle
Dahlem
Fichtenberg 68 m
Steglitz
Rauhe Berge 56 m
Anhalter Bahn
Marienhöhe 73 m

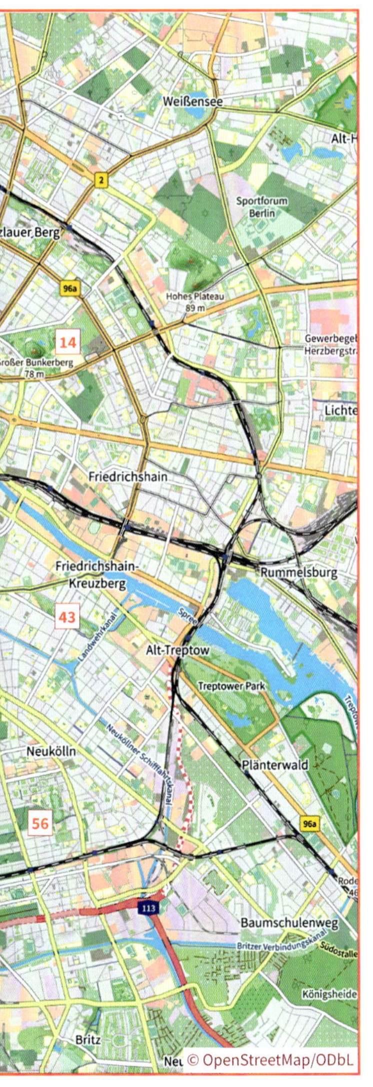

BERLIN INNENSTADT

2	Schlosspark Charlottenburg
4	Tierpark Neukölln
5	Tempelhofer Feld
14	Volkspark Friedrichshain
15	Landwehrkanal
24	Museum für Naturkunde Berlin
38	Jugendfarm Moritzhof
42	Kinderbauernhof am Mauerplatz
43	Kinderbauernhof Görlitzer Park
47	Charlottenburger Ziegenhof
50	Sea Life Berlin
51	Aquarium Berlin
52	Zoologischer Garten Berlin
53	Katzenmusikcafé Zur Mieze
56	Katzencafé PeePee's

VORWORT

Schafe blöken auf dem Tempelhofer Feld, Fledermäuse schwärmen über den dämmrigen Stadthimmel und Turmfalken nisten in alten Wassertürmen. In Berlin und Brandenburg gibt es die verschiedensten Tiere zu entdecken! Dieses Buch kann nur einen kleinen Teil der vielen wunderschönen Orte zeigen, an denen ihr sowohl faszinierende Wildtiere als auch domestizierte Haus- und Nutztiere besuchen und beobachten könnt. Von der Honigbiene bis hin zum Wasserbüffel werdet ihr jedoch mit vielfältige Arten in den unterschiedlichsten Winkeln von Berlin und Brandenburg bekannt gemacht.

Wer gerne Touren zu Fuß oder per Fahrrad unternimmt, um aus der Tierbegegnung einen aktiven Ausflugstag zu machen, für den ist das Kapitel **Wald und Wiesen** genau das Richtige. Die wildlebenden Vögel bekommen ihr ganz eigenes Kapitel, **Frei wie ein Vogel**, das auch die Anfänger*innen unter den Ornithologiebegeisterten an die Hand nimmt.

Der Fokus dieses Buches liegt darauf, euch zu tollen Orten zu bringen, an denen ihr Tiere erleben könnt und dabei ganz nebenher Wissenswertes und lustige Fakten über unsere haarigen, gefiederten und geschuppten Mitbewohner erfahrt. Das Kapitel **Du schlaues Huhn!** widmet sich ausführlich verschiedenen Bildungs- und Forschungseinrichtungen zum Staunen, Lernen und Entdecken. Wer sich dann vor tierischer Begeisterung gar nicht mehr halten kann, darf im Kapitel **Hands on! Mitmachen und Vernetzen** mal so richtig Hand anlegen. Viele von uns Großstadtmenschen haben noch nie eine Ziege klettern sehen oder in die querliegenden Pupillen der goldenen Augen einer Kröte geblickt. Solche wertvollen Erfahrungen sollten dringend nachgeholt werden! Und anschließend werden die Abenteuer des Tages am Lagerfeuer mit Stockbrot besprochen oder auf dem nächsten Kiez-Treffen ausgetauscht. Wer braucht schon ein eigenes Haustier, wenn auf Kinderbauernhof und Jugendfarm regelmäßig Hilfe benötigt wird?

Die bunte Sammlung im letzten Kapitel **Klassisch oder kurios?** überlässt euch selbst die Entscheidung, die verschiedenen Tiere und Orte in Kategorien zu stecken. Vom klassischen Zoo bis hin zur Ameise im Outdoor-Fachhandel werdet ihr hier an einige weniger heimische Arten herangeführt, genauso wie an die All Time Favorites unter den Haustieren – Hunde und Katzen.

Begegnungen mit Tieren können die verschiedensten Gefühle in uns auslösen und den Blick auf unseren Mitlebewesen schärfen. Verantwortung für unsere Umwelt und für die Tiere zu übernehmen, beginnt vielleicht mit einem Schmetterling, der sich auf unserer Schulter niederlässt und uns beim Abflug zart mit seinem hauchdünnen Flügel über die Wange streicht. Oder beim Tritt in den Kuhfladen, in dem wir ein ganzes Mikro-Ökosystem entdecken können. In diesem Sinne: Zieht festes Schuhwerk an und packt Kamera, Lupe und Fernglas ein! Bevor es losgeht, noch ein paar allgemeine Tipps:

Auf der Webseite *umweltkalender-berlin.de* könnt ihr euch über fachkundige Führungen, Expeditionen und Veranstaltungen zu Umwelt- und Naturthemen in Berlin informieren.

Unter *reiseland-brandenburg.de* findet ihr eine Vielfalt an Ausflugstipps ins Umland für Menschen mit Mobilitätseinschränkungen und ausführliche Informationen zur Barrierefreiheit der verschiedenen Reiseziele.

Wer von meckernden kleinen Bärten nicht genug bekommen kann: Auf der Internetseite *goatsofberlin.com* seht ihr sämtliche eingetragenen Ziegengehege der Hauptstadt in einer interaktiven Karte auf einen Blick und könnt euch so auf schnellstem Wege zur nächsten Ziege aufmachen.

Auf der sozialen Plattform *komoot.com* könnt ihr euch vernetzen und andere an euren Ausflügen teilhaben lassen. Hier findet ihr hilfreiche Tipps und ausführlich beschriebene Wanderrouten. Legt gleich los – steckt das kleine Büchlein ein und ab geht's zum ersten Waldspaziergang! Viel Spaß!

Eure* Svea Rogge

*In Berlin is dit Siezen voll etepete, weeste. Von mia wirste hier lieba liebensjewürzich jeduzt.

Wald und Wiesen

Spaziergänge und Wanderungen

Wir machen uns auf durch die Wälder und Wiesen Berlins! In Wildtiergehegen im Forst trefft ihr typische Waldbewohner, in Tiergehegen in den Stadtparks Nutz- und Haustiere. Auf Wiesen entdeckt ihr verschiedene Weidetiere wie traditionell genutzte Schafsarten und sogar Wasserbüffel. Auch kleine Wanderrouten wie der Wildpferderundweg sind mit von der Partie. Also schnell den Picknickkorb gepackt, die Wanderschuhe geschnürt und los geht's!

1 Volkspark Jungfernheide

Geschnitzt oder echt? Findet es heraus!

Während die Heimtiere in der Erlebniswelt frech herumlaufen, könnt ihr nur ein paar Meter weiter auch geschnitzte Exoten wie die Giraffe, den Pinguin und das Walross hautnah erleben – ganz ohne Safari-Jeep oder Hochseeboot.

Im Volkspark Jungfernheide könnt ihr bei schönem Wetter gut und gerne ein ganzes Wochenende verbringen und müsst dabei nur zum Übernachten nach Hause. Hier können sich Groß und Klein auf der Sportanlage mit Beachvolleyball-Feld und im Waldhochseilgarten beschäftigen oder im Strandbad am Jungfernheideteich entspannen.

In einem Skulpturengarten gibt es **Giraffe**, **Walross**, **Pinguin**, **Skorpion** und viele andere exotische Tiere zu bewundern. Die bunt bemalten, teils überlebensgroßen Schnitzarbeiten wurden von Franz-Josef Westermann angefertigt und sind auf dem Gelände der Baumschule im nördlichen Teil des Parks am Zaun entlang aufgestellt.

Einheimische Haus- und Nutztiere könnt ihr – quicklebendig – auf der Südseite des Teichs in der Erlebniswelt Tier und Natur besuchen. Hier gibt es **Ziegen**, **Meerschweinchen**, **Kaninchen** und **Bienen**. Die **Laufenten** und **Hühner** watscheln auf freiem Fuß durch die gesamte Anlage. Wenn ihr Glück habt, lugt auch Gary, die **Griechische Landschildkröte**, gerade aus ihrem Unterschlupf. In Planung ist außerdem eine große Weide für Alpakas.

Die Tiere und das Gelände werden von jungen Erwachsenen mit Beeinträchtigungen gepflegt, die sich hier mit der Unterstützung des Jobcenters beruflich orientieren. Für Kitas und Schule gibt es einige Umweltbildungsangebote.

Info

Adresse: Erlebniswelt Tier und Natur: Heckerdamm 274, 13627 Berlin | Skulpturengarten: Saatwinkler Damm 93, 13629 Berlin | erlebniswelt-jungfernheide.de

Anfahrt: U Halemweg | U Siemensdamm | Bus 123 bis Goebelplatz

Gastronomie: Deftige Hausmannskost: Kulturbiergarten, Heckerdamm 273, 13627 Berlin | Für eine Pause am Wasserturm: Sommergarten Jungfernheide, Heckerdamm 260, 13627 Berlin

Barrierefreiheit: Das Gelände im Volkspark ist ebenerdig barrierefrei.

Gut zu wissen: Der Eintritt zur Erlebniswelt und zum Skulpturengarten ist frei.

2 Schlossgarten Charlottenburg

Biber vs. Baum – und Ente vs. Ente

Im Schlosspark Charlottenburg warten rebellische Wasserbewohner und friedlich kauende Schafe auf euren Besuch. Hier kabbeln sich die Enten um den schönsten Uferplatz – und der Denkmalschutz kabbelt sich mit dem Biber um die Bäume.

Der Park am Schloss Charlottenburg blickt auf eine lange Gestaltungsgeschichte bekannter Gartenbauer und Landschaftsarchitekten zurück: geschaffen von Godeau im Barockstil, umgestaltet in einen englischen Landschaftsgarten von Eyserbeck, ausgebaut vom Gartenkünstler Lenné. Heute führt eine breite Allee aus streng angelegten Blumenbeeten vom Schloss hinunter zum Karpfenteich. Ohne Taucherbrille könnt ihr hier jedoch besser **Stockenten**, **Höckerschwäne** und **Graureiher** beobachten. Es schnattert und flattert gewaltig! Ihr braucht euch nur auf die flachen Steinstufen am Wasser zu setzen und das Spektakel zu genießen. Die **Mandarinenten** jagen sich gegenseitig über den Uferbereich und zeigen dabei stolz, wer hier der Platzhirsch am Teich ist. Die ursprünglich aus China stammenden Mandarinenten haben sich als flüchtiges Ziergeflügel in Europa an einigen Seen angesiedelt. Aufgrund ihres hübschen Gefieders wurden sie seit Mitte des achtzehnten Jahrhunderts gern als dekorative Haustiere gehalten – doch einige Exemplare sind wohl hin und wieder entwischt.

Gegenüber, also auf der Nordseite des Teichs, liegt eine kleine Brücke mit verschnörkeltem Geländer, von der aus ihr eine schöne Sicht auf den Karpfenteich mit dem Schloss Charlottenburg im Hintergrund habt. Spaziert ihr von hier aus weiter, am Belvedere vorbei und am Fürstenbrunner Graben entlang, könnt ihr Zeugen eines klassischen Dilemmas zwischen Denkmalschutz und Artenschutz werden: Die gesamte Parkanlage vom Schloss Charlottenburg steht unter Schutz – geschützt ist aber auch die **Biber**familie, die im Fürstenbrunner Graben lebt und am liebsten Bäume

Die Mandarinente bei ihrer Uferpatrouille

von landschaftsplanerischem und historischem Wert fällt. Eine Umsiedlung hat sich als wenig erfolgreiche Strategie erwiesen, da der Graben eins der wenigen begehrten Biberhabitate Berlins ist und sofort vom nächsten Biber bezogen wird, sobald der letzte Bewohner weg ist. Der Biber-Quartiersmarkt ist noch härter als der Berliner Wohnungsmarkt! Wenn ihr auf eurem Spaziergang also Baumstämme entdeckt, die in Schutzbleche verpackt sind, dann wisst ihr, dass der Biber ganz in der Nähe seinen Bau haben muss. Auf die Lauer legen lohnt sich!

Wenn ihr noch weiter in den nördlichen Teil spaziert, könnt ihr im Frühling und Sommer **Schafe** auf den Wiesenflächen weiden sehen. Die Stiftung Preußische Schlösser und Gärten Berlin-Brandenburg bietet regelmäßig Führungen an, auf denen ihr von Expert*innen erfahrt, wie die Landschaftspflege und artgerechte Haltung der Schafe hier umgesetzt wird. Außerdem geht es um Wolle, Hütehunde und alles rund um das Leben in der Herde. Am Ende der Führung dürft ihr manchmal sogar auf die Weide gehen und Kontakt mit den Tieren aufnehmen.

Info

Adresse: Spandauer Damm 10–22, 14059 Berlin | spsg.de/schloesser-gaerten/objekt/schlossgarten-charlottenburg

Anfahrt: Bus M45 bis Schloss Charlottenburg, Klausener Platz oder Luisenplatz/Schloss Charlottenburg | Bus 309 bis Schloss Charlottenburg oder Klausener Platz | S Westend

Gastronomie: Gemütliches Café mit Außenbereich direkt am Schloss: Kleine Orangerie, Spandauer Damm 20, 14059 Berlin

Barrierefreiheit: Das Gelände des Schlossgartens ist barrierefrei, die Führungen sind rollstuhlgeeignet.

Gut zu wissen: Der Schlossgarten ist täglich von 8 Uhr bis Einbruch der Dunkelheit geöffnet, der Eintritt ist frei. Zu den Führungen durch den Schlosspark könnt ihr euch ab vier Wochen vor dem Termin anmelden, die Ticketpreise variieren.

3 Landschaftspark Herzberge

Rauwollige Pommersche Landschafe

Sonnige Wiesen in sattem Grün mit wahllos verteilten Holzhaufen – ein Traum für Schafe, Eidechsen und Insekten. Genauso geschätzt und genutzt wird der Landschaftspark Herzberge zum Spazieren, Joggen, Radfahren und Picknicken.

Der Landschaftspark Herzberge liegt mitten in Lichtenberg direkt am Evangelischen Krankenhaus Königin Elisabeth Herzberge (KEH). Zum Gelände gibt es aus jeder Himmelsrichtung mehrere Eingänge. Seit 2003 ist hier auf ehemaligen Industrieflächen ein Park mit urbaner Landwirtschaft entstanden, der seit 2008 auch Landschaftsschutzgebiet ist. Die teilweise sehr alten Baumbestände und die vielen Stein- und Holzhaufen auf dem Gelände sind ideale Lebensräume für **Insekten** und **Eidechsen** wie die Zauneidechse. Die Flächen werden von **Rauwolligen Pommerschen Landschafen** beweidet, die im Rotationsverfahren immer wieder auf anderen Koppeln leben, um die Wiesen gleichmäßig abzugrasen. Am besten spaziert ihr also eine großzügige Runde durch den Park, wenn ihr die Schafe nicht sofort am Eingang antrefft. So kommt ihr auch an den verschiedenen Infotafeln rund um die Artenvielfalt im Park vorbei. Hier lernt ihr, unterschiedliche Hummelarten zu erkennen und zu bestimmen, und erfahrt, was die Zauneidechsen an verschiedenen Hügeln und Haufen so toll finden.

Sobald die Tage wärmer werden, könnt ihr bei der jährlichen Schafschur zusehen und im Sommer auch die kleinen schwarzen Lämmchen auf den Koppeln bewundern. Im Frühjahr (ungefähr im April) sind die Mutterschafe am Eingang nahe des Krankenhauses KEH zu finden, wo sie in einem geschützten Unterstand die Lämmer zur Welt bringen. Im Winter könnt ihr euren Parkspaziergang mit einem Besuch in einem echten Europäischen Kulturerbe verbinden: im Museum Kesselhaus auf dem KEH-Gelände.

Info

Adresse: Westeingang: Allee der Kosmonauten 16, 10315 Berlin

Anfahrt: Tram M21, M37 oder Bus 240, 256 bis Betriebshof Lichtenberg

Gastronomie: Diverse vietnamesische Restaurants im Don Xuan Center, nur gut zehn Gehminuten vom Park entfernt, Herzbergstraße 128–139, 10365 Berlin

Barrierefreiheit: Die Wege sind barrierefrei, teils aber mit stärkerer Steigung.

Gut zu wissen: Der Park ist rund um die Uhr geöffnet, Eintritt frei.

4 Tierpark Neukölln

Die Haushühner in der Hasenheide

Zwischen Trümmerfrauen-Denkmal und Hindutempel könnt ihr im Volkspark Hasenheide so einige Tiere bestaunen und sogar streicheln. Vor allem alte Haus- und Nutztierrassen werden hier liebevoll gepflegt.

Seit 2012 wird der Tierpark Neukölln im Rahmen einer Arbeitsfördermaßnahme von einem sozialen Unternehmen betrieben. Hier könnt ihr Kindergeburtstage feiern, an Führungen teilnehmen und Tierpatenschaften übernehmen. Der Fokus liegt dabei auf alten Haus- und Nutztierrassen. Infotafeln geben Aufschluss über **Zwerg-**, **Angora-** und **Kaschmirziegen**, die **Honigbiene** oder die **Hausente**. Nehmt ihr den Eingang direkt neben dem Minigolfplatz, könnt ihr einen Rundgang durch den Tierpark machen und endet am kleinen Streichelzoo. In den größeren Gehegen begegnen euch **Damwild**, **Weißstörche**, **Esel** und **Schafe**. Den **Lamas** könnt ihr gemütlich beim Kauen zuschauen. Auch **Kaninchen** und **Meerschweinchen** gibt es zu sehen, und sogar ein **Pfau** lässt sich manchmal blicken. Bienenkästen und **Insekten**hotels locken die freischwebenden Besucher an.

Im Streichelgehege ist außerdem ein **Tauben**verschlag aufgestellt. Die Tauben können hier frei umherfliegen. Wenn ihr euch zum Streicheln über den Zaun beugt, dürft ihr also damit rechnen, dass die Tauben um euch herum flattern. Die frechen **Hühner** hüpfen immer wieder unter Glucksen ins Enten-Gehege, um sich heimlich an der Wasserstelle zu vergnügen. Während der Tierpfleger sie zurück setzt, knabbert das kleine Zicklein an seinem Schlüsselbund und der Hahn kräht aus Leibeskräften. Kurz: Ihr fühlt euch, als wärt ihr im bunten Treiben eines Bauernhofs gelandet. Und das mitten in der Stadt!

Es lohnt sich, den Tierpark-Besuch mit einer Runde Minigolf und einem Spaziergang durch die Hasenheide zu verbinden. Der nahegelegene Gräfe-Kiez lädt zu einem Bummel durch die kleinen Lädchen ein.

Info

Adresse: Hasenheide 82, 10967 Berlin | tierpark-neukoelln.berlin

Anfahrt: U Südstern | U Hermannplatz

Gastronomie: Diverse Cafés und Restaurants im Gräfekiez

Barrierefreiheit: Das Gelände ist barrierefrei zugänglich.

Gut zu wissen: Der Eintritt ist frei, Spenden sind aber immer willkommen.

5 Tempelhofer Feld

Wo Schafe und Füchse friedlich grasen

Das Tempelhofer Feld bietet nicht nur vielen Freizeitaktivitäten, sondern auch Insekten und Vögeln eine Menge Platz. Der wollige Hingucker sind die Skuddenschafe und die Coburger Füchse – zwei alte Haustierrassen, die das Feld beweiden.

Das ehemalige Flugfeld des Flughafens Tempelhof ist ein Highlight unter Berlins Grünflächen. Die ungefähr 300 Quadratmeter große Freifläche ist mit den ehemaligen Landebahnen und Wiesen inzwischen ein innerstädtischer Freizeit- und Erholungsraum geworden – ideal zum Spazierengehen, Kiteboarden, Fahrradfahren, Sporttreiben und Picknicken. Am äußeren Rand gibt es rundum ausgewiesene Grillplätze, Hundeauslaufgebiete, Basketballplätze, eine Skateanlage, einen Gemeinschaftsgarten, kleine Sandspielflächen und einen Naturerfahrungs-Spielplatz. Fahrräder, Segways und Solowheels könnt ihr in der Nähe vom Südwest-Eingang (nahe S- und U-Bahnhof Tempelhof) ausleihen. Ab Mai finden Theaterspiele, Comedy-Events und weitere Kulturprogramme in einem hölzernen Pop-up-Amphitheater, dem Luftschloss, statt. Und mittendrin in diesem Freizeitspaß, da tiriliert die **Feldlerche** und es blöken die **Schafe**!

Im Südosten des Feldes weiden je nach Witterung ab März, spätestens ab Mitte April, über 80 Skuddenschafe und einige Coburger Füchse in großen eingezäunten Bereichen. Die Coburger Fuchsschafe heißen so, da die Wolle ihrer Lämmchen eine rotbraune Färbung hat. Diese Farbe verblasst mit dem Alter, jedoch bleiben der Kopf und die Beine rötlichbraun. Die Pflanzenfresser sind Teil der Naturschutzstrategie des Feldes und helfen mit ihrem munteren Gemümmel tatkräftig mit, die offene Struktur dieses Lebensraums zu erhalten. Die Skudden sind eine vom Aussterben bedrohte Nutztierrasse, die sich besonders für extensive Beweidung und Landschaftspflege eignet. Anders als der gewöhnliche Rasenmähtraktor verbrauchen sie

Die Skudden verhindern die Überwucherung des Tempelhofer Feldes.

kein Benzin und lassen Insekten und andere Kleintiere auf der Weide am Leben. Das ist für die Beweidung des Tempelhofer Feldes wichtig, denn hier findet man ein Viertel der in Berlin vorkommenden Spinnen- und Laufkäfer- sowie Wildbienen-, Grillen- und Heuschreckenarten.

Bis Ende November bleiben die robusten Schafrassen mindestens auf den Weideflächen, wenn das Wetter und Nahrungsangebot es zulässt sogar noch bis Mitte Dezember. Die Weidezeiträume richten sich allerdings auch nach dem Pflanzenaufwuchs. Da auf den Weideflächen nicht zugefüttert werden darf, müssen die Schafe bei geringem Pflanzenwachstum im Frühjahr länger im Stall bleiben oder im Winter früher wieder hinein, damit sie dort ausreichend Futter erhalten. Die Stallungen befinden sich am Rand des Tempelhofer Feldes in der alten Gärtnerei, sind jedoch leider nicht besuchbar.

Perfekte Sicht auf das Brutgebiet der Feldlerche

Ebenfalls eingezäunte Bereiche der Tempelhofer Weide schützen von April bis Juli die bodenbrütende Feldlerche. Ganze 40 Prozent des Gesamtbestandes an Berliner Feldlerchen leben hier. Im hohen Gras bauen sie versteckt ihre Nester. Dennoch ist es empfehlenswert, sich zum Beispiel für ein Picknick einen Platz in der Nähe der Umzäunung zu suchen: Auch wenn die Brutstätten verborgen sind, könnt ihr dem Gesang der Feldlerche lauschen und ihren spezifischen Flug bewundern. Die Feldlerche steigt typischerweise in einer steilen Diagonale im sogenannten Spiralflug in die Luft, dabei trillert sie laut. Dann verharrt sie lange auf einer Höhe von fünfzig bis hundert Metern, bis sie plötzlich im Sturzflug mit angelegten Flügeln wieder hinabsaust. Dieses spezifische Flugbild könnt ihr auch ohne Fernglas und besondere Vogelkenntnisse sehr schön beobachten.

An der östlichen Seite, dort wo das Feld an den Neuköllner Schillerkiez grenzt, stehen außerdem einige Hochsitze, von denen aus ihr einen besonders guten Blick über einen der geschützten Bereiche für die Feldlerche habt. Doch die ist nur eine der 26 hier vorkommenden Brutvogelarten. Das geübtere Auge kann zum Beispiel auch **Steinschmätzer** und **Braunkehlchen** entdecken.

Bei eurem Ausflug zum Tempelhofer Feld solltet ihr unbedingt die besonderen Wetterverhältnisse beachten. Im Sommer gleicht der Besuch einem Strandtag am Meer! Auf der großen Freifläche pfeift ein ordentlicher Wind, der an heißen Sommertagen für eine nette Erfrischung sorgt. Trotzdem ist man der brennenden Sonne ungeschützt ausgeliefert, denn hier gibt es kaum Schatten. Nehmt also ausreichend Sonnenschutz mit! Minuspunkt für Menschen mit Heuschnupfen: Je nach Windrichtung und Jahreszeit können die Gräserpollen hier besonders umtriebig sein. Präpariert euch also entsprechend der Schniefnase.

Info

Adresse: Südwesteingang: Tempelhofer Damm 99, 12101 Berlin | Nordeingang: Columbiadamm 120, 12049 Berlin | Osteingang: Straße 645, 12049 Berlin

Anfahrt: Südwesteingang: S/U Tempelhof | | Nordeingang: Bus M43 bis Friedhöfe Columbiadamm | Osteingang: U Boddinstraße oder U Leinestraße

Gastronomie: Gemütliches Biergarten-Feeling auf dem Feld: TEMPEL GARTEN, Columbiadamm, Gebäude 263, 12049 Berlin, oder: Neulich am Flughafen, Tempelhofer Damm 45, 12101 Berlin

Barrierefreiheit: Über die Landebahnen kann man genauso gut mit Inlineskates wie mit dem Rollstuhl fahren. Die Wiesen sind auf Rädern nicht gut zugänglich. Die Weide der Skudden befindet sich zum Großteil am asphaltierten Rundweg.

Gut zu wissen: Die Öffnungszeiten des Tempelhofer Felds sind jahreszeitenabhängig. Eintritt frei.

6 Britzer Garten

Von Schafen und Eseln – und Bienen und Blumen

Im Britzer Garten gibt es das ganze Jahr über etwas zu entdecken: im Frühling die Lämmer, im Sommer die Bienen, im Herbst das Dahlienfeuer. Im Winter wird gerodelt und im Umweltbildungszentrum informatives Aufwärmen betrieben.

Der Britzer Garten ist bekannt für seine blühende Botanik. Neben dem Rosengarten könnt ihr hier auch den Hexengarten, den Geologischen Garten und diverse Tulpen, Dahlien und Azaleen bestaunen. Der Landschaftspark wurde für die Bundesgartenschau 1985 praktisch aus der Erde gestampft und ist heute ein beliebter Ort der Naherholung und Raum für diverse Freizeitaktivitäten. Hier liegen Blumenhaine, Seen, Kunstinstallationen und architektonische Sehenswürdigkeiten in einer leicht hügeligen Parkanlage. Landschaftsarchitektur-Interessierte kommen im Britzer Garten in jedem Fall auf ihre Kosten – und Tierliebhaber*innen auch. Denn hinter dem Wasserspielplatz, der direkt am Eingang Blütenachse liegt, beginnen die Tiergehege. Hier leben einige **Haushühner** und **Stockenten**. Im Frühling lohnt es sich, bei den **Ziegen** und **Schafen** vorbeizugucken und nach den kleinen Lämmern Ausschau zu halten. Im Sommer sind die Weidetiere dann gemeinsam mit ihren älteren Jungen auf verschiedenen Flächen im Park unterwegs, wo ihr sie beim Grasen beobachten könnt.

Lauft ihr weiter den Weg entlang nach Süden, kommt ihr zuerst am Bienenhaus vorbei. In ihm leben vier Bienenvölker, die (ausschließlich Sonntag nachmittags) durch einen Schaukasten bewundert werden können. Aber auch bei einem Besuch außerhalb der Öffnungszeiten erfahrt ihr so einiges über **Honigbienen** und die Imkerei auf hübsch gestalteten Informationstafeln. Bei einem Gang um das kleine Häuschen könnt ihr außerdem **Schwalben**nester unter dem Dachvorsprung entdecken.

Folgt ihr dem Weg noch ein kleines Stück weiter, gelangt ihr zur **Esel**weide, auf der Hotte der Hengst zusammen mit seiner Stute Anna

lebt. Hotte ist ein direkter Nachfahre der ersten Eselin auf dem Gelände, die schon zur ersten Bundesgartenschau in den Britzer Garten kam.

Nun könnt ihr zurück über die Britzer Höhe wandern und einen kurzen Blick auf die Liebesinsel werfen, bevor ihr, wieder am Wasserspielplatz angekommen, in der Milchbar einen Kaffee trinkt. Oder ihr verlängert den kleinen Spaziergang und folgt dem Weg weiter bis zum Umweltbildungszentrum. Hier könnt ihr euch wechselnde Ausstellungen zu Themen wie Füchsen, Spinnen, Gehölzen oder Früchten anschauen und an verschiedenen Führungen und Angeboten teilnehmen.

Für die große Runde geht ihr danach weiter durch den Karl-Foerster-Staudengarten und kommt schließlich zum Rosengarten. Zwischen August und Oktober solltet ihr unbedingt bis zum sogenannten Dahlienfeuer auf der östlichen Parkseite spazieren und die knalligen Rot-, Violett-, und Orangetöne bestaunen. Auf der Webseite des Britzer Gartens findet ihr ein lustiges und lehrreiches Dahlienbingo, das euch spielerisch durch den Garten führt. Auch der Weg am Wasser entlang lohnt sich – vor allem für die Modellboot-Fans. Ihr erreicht schließlich den Seestern, eine architektonische Besonderheit des Landschaftsparks: Das organisch wirkende Gebäude wurde aus einem aufgeschütteten Erdhügel geformt, den der Architekt Engelbert Kremser mit Beton überschüttete. Anschließend wurde die Halbkugel durch die großen Fenster und Türen wieder ausgehöhlt. In gleicher Bauweise geformte Grotten umgeben den Seestern. Hier könnt ihr euch tatsächlich wie in einer Unterwasserwelt fühlen – und anschließend den Seeblick von der Terrasse des Cafés am See genießen.

Wer gerne länger spaziert, sollte einen ganzen Tag im Britzer Garten einplanen, um das vielfältige Angebot ausgiebig zu nutzen. Außerdem finden im Sommer regelmäßig Open-Air-Konzerte und weitere lohnenswerte Veranstaltungen statt.

Info

Adresse: Sangerhauser Weg 1, 12349 Berlin | www.britzergarten.de

Anfahrt: Eingang Blütenachse: S/U Hermannstraße, dann Bus M44 bis Zimmerweg (nur im Sommer und an den Wochenenden personell besetzt, sonst automatisiert)

Gastronomie: Drinnen innovative Architektur, draußen idyllischer Seeblick: Restaurant und Café Seestern Britzer Garten, Mohriner Allee 145, 12347 Berlin | Italienische Küche im ehemaligen Glashaus der Bundesgartenschau: Italo-Bistro und Lesecafé im Britzer Garten, Sangerhauser Weg 1, 12349 Berlin

Barrierefreiheit: Der Park ist größtenteils barrierefrei und von „Reisen für Alle“ zertifiziert, behindertengerechte WCs und Leihrollstühle sind vorhanden. Die Ziegen- und Schafgehege können vom asphaltierten Weg aus eingesehen werden. Ein Audiowalk mit 37 Stationen des Britzer Gartens wird vom Portal „Berlin für Blinde“ (Förderband e.V.) angeboten.

Gut zu wissen: Der Eintritt variiert je nach Saison. Nur Kinder bis einschließlich fünf Jahre und Kita-Gruppen (mit gültiger Bescheinung) kommen immer umsonst in den Garten.

7 Wildtiergehege Lankwitz

Minigolfen neben Mufflons, Rehen & Co.

Der Gemeindepark Lankwitz bietet verschiedene Aktivitäten für die ganze Familie: Hier kann man Minigolf spielen, Sport treiben und sich auf dem Spielplatz austoben – und all das direkt neben verschiedenen Wildgehegen.

Der Gemeindepark Lankwitz eignet sich hervorragend für einen kleinen Sonnentags-Spaziergang. An der Nordseite des Parks befinden sich verschiedene Wildgehege. Hier kann man unter anderem **Mufflons**, also Wildschafe, **Damwild** und **Hühner** beobachten. Die **Ziegen** klettern auf einem großen Steinhaufen herum, und die **Schafe** schubbern sich den wolligen Rücken am Zaun.

In einer Futterspendenbox könnt ihr zum Beispiel Salat, Äpfel und Karotten abgeben. Füttern dürft ihr die Tiere aber nicht. Die Menge solcher kostbaren Leckerbissen muss von den Tierpfleger*innen reguliert werden – Ziegen fehlt nämlich ein natürliches Sättigungsgefühl, weshalb sie trotz vollem Magen meist hungrig aus der Wäsche gucken. Besondere Spezialitäten wie verschiedene Obstsorten dürfen sie sowieso nur in kleinen Maßen genießen.

Direkt neben den Wildgehegen befindet sich eine Minigolfanlage. Außerdem findet ihr im Gemeindepark auch einen Kinderspielplatz, Sportanlagen und einen kleinen Teich. Hier habt ihr also Programm für einen ganzen Tag! Ihr könnt zum Beispiel erst eine Runde um den Teich spazieren, dann zum Spielplatz laufen und schließlich bei den Wildtieren vorbeischauen. Den Nachmittag rundet eine Partie Minigolf ab.

Info

Adresse: Nordeingang am Minigolfplatz: Paul-Schneider-Straße 52–58, 12247 Berlin | Südosteingang am Basketballplatz: Malteserstraße 53, 12249 Berlin

Anfahrt: Nordeingang: Bus 181 oder 283 bis Paul-Schneider-Straße | S Lankwitz (gut ein Kilometer Fußweg) | Südosteingang: Bus 283 oder X83 bis Am Gemeindepark

Gastronomie: Buntes Angebot von Salat über Currywurst bis Pizza: Grillhütte 46, Malteserstraße 53, 12249 Berlin | Eis, Getränke und Snacks: Kiosk auf dem Minigolfplatz, Paul-Schneider-Straße 52–58, 12247 Berlin

Barrierefreiheit: Das Tiergehege erreicht man vom Nordeingang aus ebenerdig.

Gut zu wissen: Der Gemeindepark ist rund um die Uhr geöffnet. Eintritt frei.

8 Pfaueninsel

Wo sich Pfau und Büffel Gute Nacht sagen

Die Pfaueninsel zeigt, wie Kultur- und Naturschutz Hand in Hand gehen, und präsentiert uns eine außergewöhnliche Mischung an Tierarten – von seltenen Schönwetterkäfern bis hin zu tonnenschweren Wasserbüffeln.

Die Pfaueninsel ist eines der ältesten Berliner Naturschutzgebiete und UNESCO-Weltkulturerbe. Der preußische König Friedrich Wilhelm III. nutzte die Insel für seine tierische Leidenschaft und sammelte hier in der ersten Hälfte des 19. Jahrhunderts Löwen, Kängurus, Affen und weitere Exoten an. Sämtliche von ihm angeschafften Tiere wurden 1842 in den neugegründeten Berliner Zoo gebracht – nur die hübschen Pfauen sind auf der Insel geblieben.

Der **Blaue Pfau** ist in Indien und Sri Lanka beheimatet, wird aber mittlerweile fast überall auf der Welt als Ziervogel gehalten. Die Pfauen gehören zur Gattung der Hühnervögel, somit werden die männlichen Pfauen „Hahn" genannt und die weiblichen „Henne". Der Hahn besitzt die typische lange Schleppe aus türkis-blauen Schwanzdeckfedern mit Augenmuster, die er zu Balzzwecken als beeindruckendes Rad aufstellen kann. Die Pfauenhenne ist – wie bei den meisten Brutvögeln – der weniger auffällig geschmückte Vogel und damit bei der Brutpflege gut getarnt. Allerdings hat auch die Henne eine kleine Federkrone auf dem Kopf und schimmert türkis-bläulich im Halsbereich.

Knapp vierzig Blaue Pfauen spazieren auf der Insel frei herum. An der Südseite gibt es außerdem ein Gehege, in dem ihr **Weiße Pfauen** bewundern könnt. Am besten gelangt ihr über den Rundweg hierhin, der einmal um die Insel führt. Einfach am Fähranleger nach rechts abbiegen, vorbei an der Gärtnerei und am Historischen Bootshaus, dann erreicht ihr nach einer knappen Viertelstunde Spaziergang das Pfauengehege.

Der Wasserbüffel fungiert auf der Pfaueninsel als Naturschützer.

Das aufgestellte Rad des Pfaus ist Teil seiner Balzstrategie.

Um die **Wasserbüffel** zu sehen, müsst ihr noch etwas weiter spazieren, an die nördliche Spitze der Insel. Dort weiden sie friedlich auf den Wiesen hinter dem Königin-Luise-Gedächtnistempel. Die extensive Beweidung durch Wasserbüffel ist Teil der Naturschutzstrategie auf der Pfaueninsel und hält die Landschaft in ihrem offenen Zustand. Dadurch bekommen die alleinstehenden alten Eichen der Insel viel Sonnenlicht, was sowohl für die Eichen als auch für die xylobionten („im Holz lebenden“) Käferarten von Vorteil ist. Auf der Pfaueninsel leben die seltenen Käferarten **Heldbock** und **Eremit**.

Beim Eremit, einer recht eigenwilligen und besonderen Art der Rosenkäfer, ist der Name Programm: Der Eremit lebt versteckt in Höhlen alter Baumveteranen und ist in Deutschland stark gefährdet. Sehen kann man ihn ohnehin nur extrem selten, da er den Großteil seines Lebens als Larve im Holz verbringt. Nur wenige Wochen im Sommer lebt der Eremit als wunderschöner braun glänzender, großer Käfer mit hohen Ansprüchen: Der Schönwetterkäfer beginnt erst ab einer Lufttemperatur von 25 Grad und leicht schwülen Verhältnissen ein klein wenig zu fliegen. Aber nur Kurzstreckenflüge – wenn überhaupt! Daher heißt es: Ausschau halten nach charakteristischen Kotkrümeln: Die länglich-pillenförmigen dunklen Köttelchen sind nur circa fünf Millimeter lang und trotzdem häufiger zu sehen als der große Käfer selbst. Findet ihr an einem Baum nicht nur die Köttelchen, sondern auch eine kleine Baumhöhle, kann es sich lohnen, diese geduldig mit dem Fernglas bewaffnet zu beobachten. Mit viel Glück könnt ihr dann bei den richtigen Wetterverhältnissen den Eremit am Eingang der Baumhöhle sitzen sehen. Diese Kotkrümelexpedition ist also eher etwas für Fortgeschrittene – auch was die Frustrationstoleranz angeht.

Der vom Aussterben bedrohte Heldbock, der ebenfalls in alten Eichen an warmen Plätzen lebt, ist nachtaktiv und deshalb auch eher selten anzutreffen. Seine Spuren sind jedoch einfach zu erkennen (und beinhalten auch keine detaillierte Kot-Betrachtung): Daumengroße Bohrlöcher am Stamm der alten Eiche und Bohrmehl am Stammfuß verraten euch, dass sich hier ein Heldbock durchgefressen hat. Alte Bäume und Totholz stehen zu lassen, sind wichtige Maßnahmen für den Schutz xylobionter Käfer.

Am besten plant ihr einen ganzen Tag ein, um den Ausflug ohne Eile genießen zu können und sämtliche Vertreter der außergewöhnlichen Mischung Pfau, Wasserbüffel und Holzkäfer kennenzulernen.

Info

Adresse: Nikolskoer Weg, 14109 Berlin | spsg.de/schloesser-gaerten/objekt/pfaueninsel

Anfahrt: Bus 218 bis Pfaueninsel, dann mit der Fähre zur Pfaueninsel

Gastronomie: Kuchen und Kleinigkeiten auf der Liegewiese: Kaffeegarten auf der Pfaueninsel, 14109 Berlin | Klassische Hausmannskost im rustikalen Gasthaus mit Biergarten am Fähranleger: Pfaueninselchaussee 100, 14109 Berlin

Barrierefreiheit: Insel und Wege sind barrierefrei, jedoch schwierig mit Rädern zu bewältigen (häufig Sand oder Kopfsteinpflaster).

Gut zu wissen: Die Überfahrt auf der Fähre ist im Ticket für die Pfaueninsel enthalten. Hunde und Fahrräder sind auf der Insel nicht erlaubt.

Wo die Wasserbüffel weiden (Teil 1)

Die grüne Wiesenidylle in Pichelsberg hat so einige Tierbeobachtungen für das aufmerksame Auge im Angebot. Nicht zu übersehen sind jedoch die tiefschwarzen, in der Sonne glänzenden Wasserbüffel, die auf den Feuchtwiesen weiden.

Wasserbüffel in der Großstadt? Und ob! Im Landschaftsschutzgebiet Tiefwerder Wiesen werden **Wasserbüffel** zur extensiven Beweidung eingesetzt. Die großen Weidetiere halten die Landschaft offen – sonst befände sich hier heute ein Feuchtwald mit Schwarzerlen und Weiden. Die Feuchtwiesen bieten mit ihren Gebüschen und Röhrichten am Wasser vielen Brutvogelarten, wie zum Beispiel dem **Neuntöter** und dem **Sumpfrohrsänger**, aber auch **Wasserkäfern**, **Fröschen** und **Libellen** diverse Schlupfplätze. Wer genau hinhört, kann dem namengebenden Ruf des **Kuckucks** lauschen. Im Frühjahr sind die zum Großteil überschwemmten Tiefwerder Wiesen der einzige Laichplatz für **Hechte** an der Unterhavel.

Der Rundweg um die Weidefläche verläuft teils über Stege, sodass er auch bei hohem Wasserstand begehbar ist. Am besten bringt ihr ein Fernglas mit, um die Wasserbüffel auch beobachten zu können, wenn sie sich gerade in der Mitte des weitläufigen Gebiets befinden. Auch ohne Fernglas lassen sich auf den Wiesen einige **Graureiher** beobachten, die sich an geduldige Besucher*innen etwas näher herantrauen. Auf Infotafeln am Rundweg erfahrt ihr außerdem Wissenswertes über den **Biber**. Achtet doch in Gewässernähe mal auf abgenagte Holzstämme! Auch das Stoßtauchen wird erklärt: Seht ihr zum Beispiel einen schillernd blauen kleinen Vogel senkrecht ins Wasser hineinsausen, war das sicherlich ein **Eisvogel** auf der Jagd nach Fischen.

Am besten betretet ihr den Rundweg von Norden über die Dorfstraße. Wenn ihr nicht ganz so weit gehen wollt, könnt ihr von hier aus auch direkt Richtung Süden zur Bushaltestelle Pichelswerder spazieren.

Info

Adresse: Tiefwerder Wiesen, 13597 Berlin

Anfahrt: Bus M45 bis Heidereuterstraße | Bus M49 bis Pichelswerder

Gastronomie: Pommes und Currywurst: Waldschänke am Stößensee, Heerstraße 185, 13595 Berlin | Fischräucherei an der Heerstraße kurz vor der Freybrücke

Barrierefreiheit: Der Großteil des Rundwegs ist barrierefrei, im Süden Richtung Waldschänke und Pichelswerder gibt es jedoch einige Treppen.

10 Wildtiergehege Spandauer Forst

Im Wald mit Wild und Wildschwein

Im Spandauer Forst lernt ihr die verschiedenen Bäume und Tiere eines Mischwaldes kennen: Ein Baumartenlehrpfad führt euch um die weitläufigen Wildgehege herum, in denen unter anderem heimische Wildschweine und Rotwild leben.

Das Wildtiergehege im Spandauer Forst liegt in Hakenfelde. Nur wenige Schritte von der Schönwalder Allee entfernt beginnt ein Baumarten-Lehrpfad, ein etwa ein Kilometer langer Rundweg, der euch über die verschiedenen Wildgehege durch den Wald führt. Ein Spaziergang über alle Stationen des Lehrpfades dauert eine knappe Stunde – plus die Zeit, die ihr euch nehmt, um die verschiedenen Wildtiere zu bestaunen.

Gleich zu Beginn trefft ihr auf **Wildschweine**. Im naturnahen Gehege liegt jede Menge Totholz herum. Die Wildschweine wühlen sich auf der Suche nach Eicheln munter durch den leicht matschigen Boden. Am Zaun stehen einige Baumstümpfe in verschiedenen Höhen, von denen aus große wie kleine Besucher*innen die bestmögliche Sicht ergattern können. Wenn eure Nasen genug von dieser olfaktorischen Naturerfahrung haben, geht ihr weiter in Richtung **Damwild**. Die Wildgehege sind weitläufig, aber unterwegs könnt ihr an einem Automaten Wildfutter erwerben, um die Tiere anzulocken, sollten sie euch nicht schon neugierig die Nasen am Zaun entgegenstrecken. Weiter geht es dann am **Muffelwild**gehege vorbei und in Richtung **Rotwild**. Die Hälfte ist geschafft! Danach führt euch der Weg am großen Rotwildgehege entlang bis zu einem Aussichtsturm zwischen der Kuhlake und dem Niederheidesee, der den Waldspaziergang abrundet.

Wer Lust auf ein Picknick hat, kann sein Lunchpaket bei Vogelgezwitscher an einem der Holztische am Rundweg genießen. Die nächste Badestelle ist die Bürgerablage an der Havel, nur zehn Minuten mit dem Fahrrad entfernt.

Info

Adresse: Schönwalder Allee 26, 13587 Berlin

Anfahrt: Bus 671 bis Johannesstift

Gastronomie: Klassische deutsche Küche: Heidis Landgasthaus, Schönwalder Allee 22, 13587 Berlin

Barrierefreiheit: Ebenerdiger Rundweg auf Waldboden

Gut zu wissen: Eintritt frei. Wenn ihr an einem der Automaten Tierfutter erwerben wollt, solltet ihr Ein-Euro-Münzen parat haben.

11 Wildtiergehege Tegeler Forst

Die Dama Dama vom Tegeler Forst

Im Sommer lässt sich ein Besuch des Wildgeheges im südlichen Tegeler Forst wunderbar mit einem Badetag verbinden. Im Herbst hört man hier die Hirsche rülpsen. Im nördlichen Tegeler Forst könnt ihr euch im Weitsprung mit den Tieren messen.

Folgt ihr dem Waldweg von der Bushaltestelle Försterweg aus, müsst ihr euch an der Waldkirche links halten und an einigen **Bienen**körben des Imkerverbands Berlin e.V. vorbeilaufen. Dann kommt auch schon das Wildgehege in Sicht, um das ihr einmal herumspazieren könnt. Hier trefft ihr auf **Muffelwild**, **Wildschweine** und **Damwild**.

Im Sommer könnt ihr das rotbraune Sommerfell mit den typischen weißen Flecken des Damwilds (*Dama dama*) bewundern. Im Winter sind die Tiere eher grau-braun. Die Hirsche präsentieren stolz ihr schaufelförmiges Geweih. Normalerweise leben die Männchen für sich in kleinen lockeren Verbänden. Die *Dama dama*-Damen bilden größere Rudel aus vielen Weibchen und Jungtieren. Nur für die Brunftzeit im Oktober und November kommen sie alle zusammen – und dann könnt ihr ein ganz besonderes Spektakel beobachten: Die Damhirsche locken die Weibchen mit ihren Brunftlauten an, die verdächtig nach einem Rülpsen klingen. Das lässt die Damwild-Herzen höher schlagen, wer kann der Imitation solch eines männlichen Bäuerchens schon widerstehen? Haben sich genügend schmachtende *Dama dama*-Damen versammelt, beginnen zwei ungefähr gleichstarke Männchen im Tangoschritt nebeneinander her zu tänzeln. Schließlich dreht sich einer der beiden in einer eleganten Pirouette herum, sodass ihre Geweihe ineinander schlagen. Es folgt ein eindrucksvolles Hin- und Herschieben, dem die Weibchen interessiert zuschauen, bis einer der Kampfpartner aufgibt und sich abwendet. Die meisten Weibchen finden sich nun am Brunftplatz des stärkeren Hirsches ein – der wortwörtliche Platzhirsch darf sich fortpflanzen. Im Frühsommer kommen die kleinen Kälber zur Welt. Auch die niedlichen Wildschwein-Frischlinge könnt ihr im Wildgehege dann beim Wühlen im Matsch beobachten.

Suchbild: Findet den Hirsch!

Direkt hinter dem Wildtiergehege befindet sich die öffentliche Badestelle Reiherwerder am Forsthaus. Hier könnt ihr manchmal auch **Höckerschwäne** am Ufer beobachten.

Ein Weg am Ufer des Tegeler Sees führt euch außerdem zum schönen Strandbad Tegelsee (ein guter Kilometer). Wer es etwas ruhiger und natürlicher mag, kann auf dem Weg auch an der öffentlichen Badestelle Lindwerder Halt machen, die kurz vor dem Strandbad liegt.

An weniger badetauglichen Tagen könnt ihr vom Wildtiergehege zum höchsten Baum Berlins wandern: Um euch vor der über 42 Meter hohen Europäische Lärche die Hälse auszurenken, müsst ihr vom Wildtiergehege etwa anderthalb Kilometer nach Westen, in Richtung Konradshöher Straße spazieren – oder ihr startet eure Tour einfach am höchsten Baum Berlins und endet dann am Wildgehege im südlichen Tegeler Forst.

Auch Berlins ältester Baum steht im Tegeler Forst: Wenn ihr vom Wildtiergehege aus nach Nordosten zum Schlosspark Tegel wandert oder radelt (knappe drei Kilometer), kommt ihr auf der Hälfte des Weges am Naturdenkmal „Dicke Marie“ vorbei. Die über 800 Jahre alte Eiche stand hier schon vor der Stadtgründung Berlins und ist in jedem Fall einen Besuch wert. Folgt ihr dann vom Schlosspark aus dem Fließ durch den Wald, kommt ihr nach knapp vier Kilometern zur Weide der Wasserbüffel (▸ Seite 46).

Alternativ könnt ihr eure Tour auch durch den Wald Richtung Nordosten verlängern, denn auch im nördlichen Tegeler Forst (knapp vier Kilometer vom Schlosspark Tegel entfernt) gibt es ein großes Wildtiergehege mit **Wildschweinen**, dem **Europäischen Reh** und **Rotwild**. Informationstafeln geben euch einen guten Überblick über die Wildtierarten, die Baumarten und die Speisepilze, die im Wald zu finden sind. An einer Sandsprunggrube messt ihr euer Können mit verschiedenen Wildtieren. Ein Eichhörnchen kann zwei Meter weit springen, ein Hirsch sogar neun! Wie weit schafft ihr es?

Info

Adresse: Südlicher Tegeler Forst: Schwarzer Weg 17, 13505 Berlin | Nördlicher Tegeler Forst: Ehrenpfortensteig 11, 13467 Berlin

Anfahrt: Südlicher Tegeler Forst: Bus 222 bis Försterweg (etwa ein Kilometer Fußweg) | Nördlicher Tegeler Forst: Bus 125 bis Schulzendorfer Straße

Barrierefreiheit: Südlicher Tegeler Forst: über Waldwege barrierearm zugänglich (recht schmaler Pfad am Waldeingang neben der Schranke) | Nördlicher Tegeler Forst: barrierefrei, jedoch erdiger, teils unebener Waldweg

Gut zu wissen: Die Wildgehege sind rund um die Uhr geöffnet. Eintritt frei.

Wo die Wasserbüffel weiden (Teil 2)

Sie leben unter weiblicher Führung, tragen immer die richtigen Schuhe und erschaffen durch ausgiebiges Kauen und tonnenschweres Hüftgold seltene Lebensräume – die Wasserbüffel im Tegeler Fließ.

Jedes Jahr weidet zwischen Ende Mai und Mitte November eine Herde **Wasserbüffel** auf den Wiesen am Tegeler Fließ. Meist sind sie nur auf einer der zwei Teilflächen anzutreffen. Am besten folgt ihr dem ausgeschilderten Wanderweg und benutzt die vorhandenen Aussichtsplätze. Da ihr euch in einem Naturschutzgebiet befindet, dürft ihr die Wege nicht verlassen.

In der freien Natur kamen die Wasserbüffel in Mitteleuropa nur bis zur letzten Eiszeit, der Weichsel-Eiszeit, vor. Das durch diese Eiszeit entstandene Tegeler Fließ bietet jedoch einen für Wasserbüffel optimalen Lebensraum, sodass sie hier nun als Nutztiere gehalten werden.

Wilde Wasserbüffel gibt es heute nur noch selten, denn die Tiere sind schon sehr lange vom Menschen domestiziert. Wasserbüffel leben in offenen Feuchtgebieten, also bewachsenen Flusstälern und Sumpflandschaften – und müssen unbedingt auch in solchen Landschaften gehalten werden. Sie baden gerne in matschigen Pfützen, um sich mithilfe einer Schlammschicht vor der Sonne und vor Insekten und Parasiten zu schützen. Die Wasserbüffel haben mit ihren gespreizten Hufen das ideale Schuhwerk an den Füßen, um auf weichem, matschigem Boden trotz ihres Gewichts nicht zu sehr einzusinken und Halt zu finden. Die gesellige Herde wird von einer Büffelkuh angeführt und trägt beim Futtern ganz nebenbei zur Förderung besonderer Pflanzen- und Tierarten in der offenen Landschaft bei. Die feuchten Fußspuren der 500 bis 1.000 Kilogramm schweren Tiere bieten Amphibien und Insekten perfekte Mini-Biotope.

Ein Besuch bei den Wasserbüffeln lässt sich gut mit einer Tour durch den Tegeler Forst und zu den beiden Wildgehegen (▸ Seite 42) verbinden.

Info

Adresse: Mühlenfeldstraße, 13467 Berlin | wasserbueffel.gvb-berlin.de

Anfahrt: S Hermsdorf, dann etwa anderthalb Kilometer Fußweg

Barrierefreiheit: Der Wanderweg ist barrierearm, der Wald- bzw. Sandweg teils uneben.

Gut zu wissen: Der Eintritt ist frei. Hunde sind auf dem Gelände erlaubt.

13 Gut Hobrechtsfelde

Klein, aber oho: Pferderundweg mit Koniks

Kurz vor der nordöstlichen Stadtgrenze kehrt ihr im Naturpark Barnim zurück zur Wildnis. Ein Spaziergang durch die halboffene Weidelandschaft mit freilaufenden Koniks, Gallowayrindern und Wasserbüffeln erwartet euch.

Das Gut Hobrechtsfelde liegt im Naturpark Barnim in Brandenburg, direkt hinter der nördlichen Berliner Stadtgrenze. Hinter dem alten Speicher beginnt der Wildpferderundweg. Die kleine Runde ist zwei Kilometer lang, die große drei. Der Weg führt durch die Rieselfelder-Landschaft, die von den **Koniks** in naturnaher Haltung ganzjährig beweidet wird. Hier befindet ihr euch zusammen mit den Koniks in deren Lebensraum. Ihr dürft euren Spaziergang machen und die faszinierende Tiere bestaunen, ein respektvoller Abstand von mindestens 25 Metern ist aber immer einzuhalten, damit die Koniks nicht gestört werden. Ein Fernglas ist daher nicht verkehrt.

Die Koniks stammen von den osteuropäischen Wildtarpanen ab. „Konik“ bedeutet auf Polnisch „kleines Pferdchen“, denn die Koniks erreichen höchstens eine Schulterhöhe von einem Meter fünfzig. Daher wird diese Rasse auch zu den Ponys gezählt. Sie gelten als ruhige und robuste Pferde und wurden früher vermehrt im Transport eingesetzt. Typisch ist ihr hellgraues Fell (Falben oder Graufalben) mit dunkler Mähne, dunklen Beine und einem Aalstrich – ja, ganz richtig gelesen, Aalstrich! So nennt man den schmalen, dunkel gefärbten Strich entlang der Wirbelsäule, der bei einigen Wirbeltieren vorkommt. Genau genommen sind die Wildpferde genetisch ausgestorben, die Koniks kommen jedoch dem ursprünglichen Tarpan am nächsten.

Von hinten gut zu erkennen: der Aalstrich

In Deutschland werden sie hauptsächlich in der Landschaftspflege eingesetzt, da sie das ganze Jahr über draußen leben können. Große Huftiere wie die Koniks halten mithilfe ihres gesunden Appetits die Landschaft offen und fördern dadurch das Wachstum zum Beispiel

von einigen wenigen Eichen, die gerne auf sonnigen, offenen Lichtungen wachsen und keine engen und dunklen Wälder mögen. Diese Bewirtschaftungsform nennt man Hudewaldwirtschaft oder auch Waldweide. Wer sich dafür interessiert, sollte dem alten Kornspeicher auf dem Gut Hobrechtsfelde einen Besuch abstatten, der als Besucherzentrum dient. Eine Dauerausstellung erklärt unter anderem die traditionelle Anwendung der Waldweide. Durch das natürliche Verhalten der Wildtiere, wie zum Beispiel das Aufbuddeln von Sandkuhlen zum Wälzen, ergeben sich außerdem wertvolle Lebensräume für Insekten und Reptilien.

Aber die Berliner Forste halten die Flächen auf den Rieselfelder-Landschaften Schönerlinde, Hobrechtsfelde und Buch in naturnaher Beweidung nicht nur durch die Koniks offen. Hier leben auch **Wasserbüffel**, **Gallowayrinder** und **Schottische Hochlandrinder**. Auf dem Wildpferderundweg im Naturpark Barnim begegnen euch allerdings hauptsächlich die Koniks und eventuell die drei Wasserbüffel, wenn ihr Glück habt – oder Pech, das ist Geschmackssache. Solltet ihr tatsächlich an den drei Wasserbüffel-Damen (die übrigens alle Hörner tragen) vorbei müssen, dann geht im größtmöglichen Abstand um sie herum und blickt sie dabei nicht an. Am besten schaut ihr vor euch auf den Boden und lauft ruhig, aber zügig weiter. Wenn ihr euch damit nicht wohlfühlt, geht besser wieder zurück und nehmt einen anderen Weg. Die Weidetiere haben hier Vorfahrt!

Wer nach dem Rundweg das drängende Bedürfnis hat, weiches Fell zwischen den Fingern zu spüren, der kann im Schaugehe des Schildiparks Panketal vorbeischauen, der ebenfalls auf dem Gelände des Gutes liegt. Hier könnt ihr **Esel**, **Schafe**, **Alpakas**, **Zwergziegen** und **Landschildkröten** beobachten und teilweise streicheln. Auf dem Gutshof stehen auch einige Privatpferde und -ponys auf den Koppeln – die dürfen aber nicht angefasst und auf keinen Fall gefüttert werden!

Ein besonderes Highlight: Im Oktober findet auf dem Gut ein traditionelles Ringreiterfest statt – Reiter*innen müssen dabei im Galopp mit einer Lanze durch einen aufgehängten Ring stechen.

Info

Anfahrt: Hobrechtsfelder Dorfstraße 45, 16341 Panketal | pferdekultur-gut-hobrechtsfelde.de

Anfahrt: S Röntgental | S Buch

Gastronomie: Kaffee und Kuchen im Café am alten Kornspeicher | Würstchen und Kartoffelsalat im Biergarten: Jameshobrecht, Hobrechtsfelder Dorfstraße 30a, 16341 Panketal

Barrierefreiheit: Der Rundweg ist ohne Stufen zugänglich, besteht jedoch aus Wiesen, schmalen Pfaden und Sandwegen und ist daher für Rollstuhlfahrende nicht zu empfehlen. Bei Buchungen von Führungen könnt ihr aber gern anfragen, in welchem angepassten Rahmen die Exkursion möglicherweise stattfinden kann.

Gut zu wissen: Auf den Koppeln sind keine Hunde erlaubt. Die Gegend ist Durchzugsgebiet für den Brandenburger Wolf – die freilebenden Koniks halten daher jeden Hund für einen wilden Wolf und greifen an! Auf dem Gutshof und im Biergarten sind Hunde an der Leine erlaubt.

Frei wie ein Vogel

Orte zur Vogelbeobachtung

Vögel verkörpern Freiheit. Deshalb empfehlen wir in diesem Kapitel keine Vogelgehege, sondern schicken euch in die freie Wildbahn! In den meisten Fällen solltet ihr ein Fernglas mitbringen – außerdem viel Ruhe und Geduld. Genauso wichtig wie das Sehen ist beim Vogelbeobachten aber auch das Hören – viele Vögel erkennt man an ihren charakteristischen Rufen, bevor man sie sieht. In diesem Sinne „kjü-jü“, „tschiioh“ und viel Erfolg!

14 Volkspark Friedrichshain

Berliner Nachtleben – hier steppt der Kauz!

Zur Abenddämmerung beginnt im Volkspark Friedrichshain die Stunde der Fledermäuse und Eulen. Aber lasst euch nicht täuschen, die winzigen flatternden Zwergfledermäuse und niedlichen Waldkauz-Puschel sind gefährliche Jäger der Nacht!

Im Volkspark Friedrichhain leben diverse Brutvogelarten, darunter auch **Waldkäuze**. Die Waldkäuze gehören zu den Eulen, jagen nachts und sind tagsüber nur schwer zu entdecken. Falls ihr in der Dämmerung nach ihnen Ausschau halten möchtet: Der Waldkauz ist etwa 35 Zentimeter groß, hat einen großen runden Kopf und schwarze Augen. Das Gefieder ist grau bis rotbraun mit dunklen Längs- und hellen Querstreifen. Weil er einen guten Seh- und einen noch besseren Gehörsinn hat, kann er in der Schwärze der Nacht schlafende kleinere Vögel von den Bäumen schnappen. Seine Beute schlingt er mit Haut und Haaren herunter und würgt das sogenannte Gewölle (die unverdaulichen Knochen und das Fell) wieder aus. Wenn ihr also ein seltsames knochiges und haariges Knäuel auf dem Boden findet, wisst ihr, dass ihr dem Waldkotz dicht auf der Spur seid – Verzeihung, dem Waldkauz natürlich!

Die beste Zeit, um einen Blick auf den Nachwuchs zu erhaschen, ist im März und April. Da die kleinen Käuzchen noch nicht fliegen können, sitzen sie auch tagsüber entweder auf dem Boden oder den Ästen und werden von den Eltern versorgt – sie brauchen keine Hilfe, auch wenn sie vielleicht so wirken! Am besten bleibt ihr auf Abstand und beobachtet sie durch euer Fernglas.

Im Sommer könnt ihr im Volkspark Friedrichshain in der Abenddämmerung auch **Mückenfledermäuse** und **Zwergfledermäuse** bei der Jagd entdecken. Zwischen Märchenbrunnen und Großem Bunkerberg leben außerdem Greifvögel wie **Habichte** und **Mäusebussarde**. An den Teichen findet ihr **Höckerschwäne**, **Mandarinenten** und manchmal auch **Graureiher**.

Eine abendliche Beobachtungstour lässt sich im Sommer wunderbar mit einem Besuch im Freiluftkino Friedrichshain verbinden.

Info

Adresse und Anfahrt: Diverse Eingänge an der Landsberger Allee, Friedenstraße, Am Friedrichshain und an der Bundesstraße 96a; Anfahrt am besten mit der Tram

Gastronomie: Restaurant Schoenbrunn am großen Teich im Volkspark

Barrierefreiheit: Größtenteils barrierearm, am Berg einige Stufen

Gut zu wissen: Frei zugänglich. Infos zu Vogelführungen im Umweltkalender

15 Landwehrkanal

Die Schwäne von Swan Island

Der Kreuzberger Schwanensee: Am Landwehrkanal geht es vor allem in der kalten Jahreszeit unter den Schwänen heiß her. Doch auch im Sommer ist hier die gemütlichste Stelle der Großstadt, um Schwäne und Enten zu beobachten.

Zwischen Urbanklinikum und Admiralsbrücke tummeln sich mitten in Kreuzberg die **Höckerschwäne** auf dem Landwehrkanal. Am besten setzt ihr euch gegenüber vom Klinikum entweder in den Böcklerpark oder leicht erhöht auf die Steinmauer, gemütlich an die Brüstung gelehnt, und blickt in Richtung „Swan Island“. Das ist für waschechte Berliner*innen die allerbeste Stelle, um Schwäne und Enten zu beobachten. Einerseits, weil im Hintergrund meistens irgendwer die Chillhouse-Beats in der Abendsonne aufdreht – andererseits, weil es hier so viele Schwäne gibt, dass sie auch für nicht-ornithologische Stadtmenschen nicht zu verfehlen sind. Im Sommer könnt ihr sie beim Gründeln an der Steinmauer aus nächster Nähe beobachten. Gegen Jahresende kommen sogar noch mehr Schwäne zusammen, sodass in manchen Jahren von einer Invasion gesprochen wird. Denn zur Paarungszeit im Herbst und Winter versammeln sich hier viele unerfahrene Jungschwäne auf der Suche nach der großen Liebe. Meist verteilen sie sich anschließend wieder. Teilweise wird aber auch auf dem Landwehrkanal ab März und manchmal sogar bis in den Juni hinein nach erfolgreicher Partnersuche gebrütet. Die Schwäne bauen ihre Nester im Schilf am Ufer oder auf dem Wasser. Vor allem in dieser Zeit zeigen sie ein eher aggressives Verhalten, sodass man froh ist, weiter oben auf dem Mäuerchen zu sitzen.

Am besten holt ihr euch ein Kaltgetränk beim Späti und schlendert damit zum sonnigen Ufer. Im schwanenreichen Winter lohnt sich die heiße Schokolade to go auf einem romantischen Spaziergang zwischen Admirals- und Baerwaldbrücke.

Info

Adresse: Böcklerstraße, 10969 Berlin

Anfahrt: U Kottbusser Tor

Weiteres: Diverse Restaurants und Spätis an der Admiralsbrücke

Barrierefreiheit: Barrierefreier Uferweg

Gut zu wissen: Frei zugänglich. Wer ein Schlauchboot besitzt, kann die Aussicht auch vom Wasser aus genießen.

16 Natur Park Südgelände

Ein Rundgang für die Ohren

„Die Kunst ist der nächste Nachbar der Wildnis." Das Zitat des Naturschützers Karl Ganser prangt an der Mauer des Haupteingangs zum Natur Park Südgelände. Kunst, Naturschutz, Inklusion und Umweltbildung gehen an diesem Ort Hand in Hand.

Der Park wird seinem Motto am Haupteingang auf jeden Fall gerecht! Am besten geht ihr aber durch den Hintereingang hinein und beginnt den Spaziergang am Bahnhof Südkreuz – dann hebt ihr euch sowohl das Highlight der Tour als auch den Kaffee und Kuchen bis zum Schluss auf. Dazu nehmt ihr am Südkreuz den Ausgang Richtung Schöneberg / Hildegard-Knef-Platz. Das typische „Da-düü-da" der älteren und das schnelle „Piep-piep-piep-piep-piep" der neueren S-Bahnen schallt euch noch in den Ohren. Lauft einfach in Richtung der Haltestelle für Fernbusse und folgt der Lotte-Laserstein-Straße unter der Ausfahrt des Parkhauses hindurch auf die andere Seite des Sachsendamms. Dort beginnt ein schöner Fuß- und Radweg, auf dem der Trubel des Bahnhofs mit jedem Schritt etwas leiser wird. Nach 500 Metern erreicht ihr eine Brücke, die über die Gleise führt. Auf der anderen Seite liegt der Nordeingang des Natur Parks. Hier gibt es einen Ticketautomaten, an dem ihr für einen Euro eine Eintrittskarte kaufen müsst. Wer gerade kein passendes Kleingeld in der Tasche hat, kann das Ticket auch bei der freundlichen Parkaufsicht erwerben.

Der Weg führt über die Schienen des ehemaligen Rangierbahnhofs, die mit Erde aufgefüllt und zum Teil von Brombeeren überwuchert sind. Einige Birken stehen mitten im Weg. Ab und zu hört ihr einen Zug vorbeifahren, der in dieser grünen Idylle wie ein Echo der alten Schienen klingt, auf denen ihr geht. Ansonsten ist kaum etwas vom Lärm der Stadt zu hören. Stattdessen lauscht ihr dem spitzen „ziit" der **Singdrossel** beim Auffliegen und dem kurzen harten „täk" der **Mönchsgrasmücke**, während ihr zu einem Gittersteg gelangt. Lauft auf dem Gitter weiter, da ihr euch nun im Naturschutzgebiet befindet und euch nicht außerhalb des angelegten Weges aufhalten dürft.

Der 600 Meter lange Stahlsteg und die verschiedenen Skulpturen im Park wurden von der Künstlergruppe ODIOUS gestaltet. Sie greifen die industrielle Geschichte des Ortes auf und betonen den typischen Charakter eines vom Menschen geschaffenen und von der Natur zurückeroberten Ruderal- und Industriegebiets.

Auf guter Höhe zum Beobachten

Umweltbildung für alle

Der Weg ist als Naturlehrpfad aufgebaut, sodass ihr von großen Infotafeln alles über hier lebenden **Nachtigallen**, **Rotfüchse**, **Eichhörnchen** und Co. erfahrt. Auf knapp der Hälfte des Weges erreicht ihr einen Aussichtsturm und könnt über die steile Leiter auf die oberste Ebene klettern. Hier steht man mitten in den Blättern von Pappeln und Birken. Mit ein wenig Geduld dürft ihr auf das Hören und gegebenenfalls Sichten von **Rotkehlchen** („tick" oder „siip" bei Beunruhigung, sehr wehmütiger Gesang im Herbst und Winter), **Bachstelze** („zilipp"), **Neuntöter** („tschäck" und „wäw") und **Fitis** hoffen. Der Fitis ist ein Singvogel, der hier zwischen März und Oktober anzutreffen ist. Mit seinem gelb-bräunlichen Federkleid ist er gut getarnt, bewegt sich jedoch sehr lebhaft durch die Strauchschicht, weshalb man ihn finden kann, wenn man dem Geraschel im Gebüsch mit scharfen Augen folgt. Sein charakteristischer Gesang wird für gewöhnlich mit „sisisi-WÜJ-WÜJ-WÜJ swi-swi-swi tuui tuui si-si-SWIIJ-sü" beschrieben – wer sich das nicht merken kann, singt es am besten ein paar mal mit! Und alle: „sisisi-WÜJ-WÜJ-WÜJ swi-swi-swi tuui tuui si-si-SWIIJ-sü"! Ein weiterer, etwas einfacherer Ruf des Fitis klingt wie „hüid“, er ist jedoch dem Ruf des Zilpzalps zum Verwechseln ähnlich.

Folgt ihr dem Weg weiter, könnt ihr plötzlich neben dem Vogelgezwitscher ein leises „pffft – pffft“ vernehmen. Um der Sache auf den Grund zu gehen, müsst ihr euren Blick nach rechts werden. Bald hört ihr leise Musik und das unverkennbare Klappern einer Kugel in der geschüttelten Spraydose. Dieses spezifische Geräusch sollte für die meisten Großstadtmenschen recht einfach zu erkennen sein. Ihr gelangt an einen Aussichtspunkt, von dem aus ihr nach unten auf eine ehemalige Stützmauer blickt. Hier darf unter der Woche ab 15 Uhr gesprayt werden. Wenn ihr euch an der bunten Wand sattgesehen oder vielleicht selbst ein kleines Kunstwerk hinterlassen habt, geht ihr weiter, bis der 50 Meter hohe Wasserturm in Sicht kommt. Am Fuße des Wasserturms könnt ihr euch eine Weile aufhalten: Es gibt viele Infotafeln zu den hier lebenden Tieren und Pflanzen und zur Geschichte des Ortes als Rangierbahnhof.

Von April bis Oktober ist das kleine Café an der Brückenmeisterei West an Wochenenden und Feiertagen geöffnet. Von hier aus habt ihr einen guten Blick auf den krönenden Abschluss dieser Vogeltour: Im unzugänglichen Wasserturm nistet ein **Turmfalke**! Im Frühsommer könnt ihr mit ein wenig Glück die Jungtiere bei ihren ersten Flugversuchen beobachten. Der Turmfalke verabschiedet euch aus dem Naturpark Südgelände mit einem lachenden „ki-ki-ki“!

Info

Adresse: Prellerweg 47–49, 12157 Berlin| natur-park-suedgelaende.de

Anfahrt: S Südkreuz | S Priesterweg

Barrierefreiheit: Inklusive Umweltbildung ist eines der Leitbilder des Parks. Der Rundweg ist barrierefrei, die Infotafeln sind in Deutsch, Englisch und Brailleschrift. Es gibt viele Angebote zum Tasten von Tierformen und verschiedenen Baumrinden. Außerdem gelangt man durch das Scannen von QR-Codes zu informativem Audiomaterial und Videos mit Gebärdensprache.

Gut zu wissen: Fahrräder und Hunde sind auf dem Gelände nicht erlaubt.

17 Karower Teiche

Für Wasservögel und Wasserratten

Regenkatze, Wasserratte, Pfingstvogel, Goldamsel oder gelbe Fledermaus? Der Pirol trägt viele Spitznamen und ist trotz auffälligem Gefieder nicht leicht zu entdecken. Der seltene Anblick bietet Vogelfans ein unvergessliches Highlight.

Von vier Aussichtsplattformen aus könnt ihr in Karow über den Inselteich, den Ententeich, den Weide- und den Schilfteich blicken. Das Naturschutzgebiet ist ein Rast- und Brutgebiet für etwa sechzig Vogelarten, vor allem Wasservögel wie den **Pirol**. Der Pirol ist eine richtige Wasserratte bzw. eher eine „Regenkatze" – den Spitznamen verdankt er dem katzenartigen Schrei, den er ausstößt, wenn sich ein Sommergewitter ankündigt. Anders als bei anderen Singvögeln lohnt es gerade bei Regen, den Pirol zu beobachten und zu erlauschen. Allerdings dürft ihr dafür das Fernglas nicht vergessen, denn trotz seines knallgelben Körpers ist der Pirol nur schwer zu entdecken. Wenn ihr aber geduldig im Regen ausharrt, werdet ihr möglicherweise mit einem besonderen Anblick belohnt: Der Pirol duscht gern im Regenschauer – und zwar kopfüber. Dazu hängt er sich hoch in der Baumkrone an einen Ast und breitet die Flügel aus. Minutenlang lässt er sich so beregnen und sieht dabei aus wie eine gelb-schwarze Fledermaus. Wer diese Seltenheit zu sehen bekommt, ist ein unglaublicher Glückspilz! Chancen, den Pirol zu beobachten, habt ihr von Mai bis August, den Winter verbringt er in Südafrika.

Von den Aussichtspunkten könnt ihr außerdem niedliche **Fliegenschnäpper** beobachten. Die Teiche sind ein wichtiger Laichplatz für **Amphibien** und Lebensraum von **Zauneidechsen** und **Ringelnattern**. Über zwanzig verschiedenen **Libellen**arten flirren im Sommer über das Wasser. In der Nähe weiden außerdem **Gallowayrinder**: Lauft ihr vom S-Bahnhof Karow aus Richtung Bucher Straße, kommt ihr an der Weide vorbei. Der Panke-Radweg verbindet das Naturschutzgebiet außerdem mit anderen Ausflugszielen – zum Gut Hobrechtsfelde (▸ Seite 48) braucht ihr mit dem Rad nur zwanzig Minuten.

Info

Adresse: Bucher Straße, 13189 Berlin

Anfahrt: S Karow, dann ein knapper Kilometer zu Fuß

Barrierefreiheit: Barrierefreie Wege. Die Aussichtsplattformen sind nur über Stufen zu erreichen.

Gut zu wissen: Frei zugänglich. Unbedingt ein Fernglas mitnehmen!

18 Müggelsee

Die Kormoran-Fankurve am Müggelsee

Klar, das Strandbad kennen alle. Aber wart ihr schon mal auf der Südseite des Müggelsees? Hier gibt es für achtsame Augen im Uferbereich einiges zu entdecken! Mit einem Boot fungiert die Vogelexpedition im Sommer auch als gemütlicher Badetag.

Lauft ihr vom Müggelheimer Damm aus über den Weg namens Rübezahl Richtung See, kommt ihr zunächst an den Biergarten und Ferienpark Rübezahl. Geht am Ufer weiter, bis ihr zum langen Holzsteg an der Müggelseeperle gelangt. Von hier aus starten nicht nur diverse Schiffsrundfahrten, der Steg bietet auch eine schöne Aussicht über den See und auf das Ufer. Die **Stockenten** schwimmen an euch vorbei und die **Schwalben** jagen durch die Luft. Die **Blesshühner** tauchen auf der Jagd nach Insektenlarven und kleinen Fischen immer wieder unter. Im flachen Wasser nahe am Ufer könnt ihr außerdem häufig einen **Graureiher** beobachten. Geduldig und fast bewegungslos steht er da und lauert auf Fische und Amphibien.

Lauft ihr weiter nach rechts, Richtung Osten, führt euch ein Waldweg am Seeufer durch das Natur- und Wasserschutzgebiet. Hinter der dicht bewachsenen schmalen Uferzone könnt ihr immer wieder die Sonne auf dem Wasser aufblitzen sehen. Haltet hier Ausschau nach **Biber**spuren! Dass ihr den Biber selbst zu Gesicht bekommt, ist zwar unwahrscheinlich, seine Spuren aber sind unübersehbar: Einige der dicken Stämme sind eindeutig in bester Bibermanier abgenagt und teilweise schon umgestürzt. Die massiven Stämme in Sanduhrenform machen vor dem glitzernden See einen imposanten Eindruck.

Der Eisvogel wird mit Nisthilfen unterstützt.

Nach gut einem Kilometer (von der Müggelseeperle aus) beginnt rechts von euch der Thyrn – ein mit quietschgrüner Entengrütze überdeckter Tümpel, der für diverse **Amphibien** einen wunderbaren Laichplatz darstellt. Mückenschutz ist im Sommer zwischen Thyrn und feuchter Uferzone definitiv zu empfehlen! Mit etwas Glück könnt ihr hier den schillernd blauen **Eisvogel** entdecken, der aufgrund des guten Nahrungsangebotes aus Fischen, Fröschen, Kaulquappen und Insekten immer wieder am Ufer auftaucht, auch wenn es am Müggelsee kaum passenden Nistmöglichkeiten für ihn gibt. Er benötigt steile Uferwände, in die er seine Niströhren graben kann. Für den Eisvogel wurden daher einige Nisthilfen geschaffen. Zum Beispiel an den großen Wurzeltellern umgestürzter Bäume, in deren Zwischenräumen mit Sand und Erde ausgekleidete Betonkästen stecken. Von hinten kann man mit geübtem Blick die Konstruktion erkennen, von vorn sieht man nur ein Eingangsloch im Sand.

Etwa 500 Meter weiter gelangt ihr zur Fankurve der **Kormorane**. Der Kormoran ist ein schwarzer, leicht grünlich bis bronzen schimmernder Vogel mit langem Hals, weißer Kehle und gelbem Schnabel. Trotz einer Körpergröße von 80 bis 100 Zentimetern ist ein Fernglas zum Beobachten der Kormorane hier sehr hilfreich, da ihr den Weg im Naturschutzgebiet nicht verlassen solltet und die großen Vögel meist gut 100 Meter vom Ufer entfernt sitzen. Vom Wasser aus könnt ihr euch mit einem Boot näher an die Kormorane herantrauen. Sie sitzen häufig auf den Holzbuhnen, um sich auszuruhen und

Ein Graureiher unterwegs auf den Holzbuhnen am Müggelsee

ihre geöffneten Flügel in der Sonne zu trocknen. Denn der Kormoran fettet sein Gefieder nicht ein, was ihm ein tieferes Tauchen ermöglicht, um an größere Fische zu gelangen. Dafür muss er nach dem Tauchgang, anders als die meisten andere Wasservögel, erstmal seine Federn föhnen, bevor er sich wieder in die Lüfte erhebt. Der Kormoran brütet meist an großen Gewässern auf Felsklippen oder – wie am Müggelsee – im Binnenland auf Bäumen. Da Kormorankot ätzend ist, sind die betroffenen Nistbäume meist kahl und die Nester somit leicht zu entdecken. Als Angelkonkurrent um größere Fische wurden die heimischen Kormoranpopulationen in der Vergangenheit stark dezimiert und in Deutschland sogar fast ausgerottet. Inzwischen haben sie sich dank der Schutzgebiete wie hier am Müggelsee wieder erholt. Aktuell ist die heimische Population in Deutschland nicht gefährdet.

Lauft ihr anschließend wieder am Ufer zurück, lädt der Prinzengarten am Hotel Müggelseeperle zu einer kleinen Pause ein. Direkt vor dem Biergarten könnt ihr euch in einer ganz besonders kreativen Art des Golfens üben: Am Bierwagen gibt es Golfbälle aus Fischfutter zu kaufen, die ihr dann von zwei Abschlagmatten auf Plattformen am Ufer in den Müggelsee schlagen könnt. Die Bälle lösen sich innerhalb eines Tages im Wasser auf und verteilen dabei das Fischfutter. Passt aber auf, dass ihr den Graureiher nicht trefft!

Info

Anfahrt: Bus 169 bis Rübezahl oder Müggelseeperle

Gastronomie: Biergarten Prinzengarten an der Müggelseeperle, Müggelheimer Damm 145, 12559 Berlin | Biergarten Rübezahl am Müggelsee, Müggelheimer Damm 143, 12559 Berlin

Barrierefreiheit: Barrierearm; zum Steg und Uferweg am Prinzengarten gelangt ihr über eine lange, recht steile Rampe. Die Waldwege sind nicht ganz ebenerdig.

Gut zu wissen: Frei zugänglich. Hunde sind erlaubt, aber an der Leine zu führen. Einen Bootsverleih findet ihr am Biergarten Rübezahl.

19 Beobachtungsturm Wussegk

Paddeltour mit Technovögeln

Wer genug von hübschen Vogelgesängen und zarten Zwitschermelodien hat, kann zur Abwechslung im Inneren Unterspreewald dem Minimal Techno unter den Vogelstimmen lauschen: Hier klappert der Storch und es meckert die Himmelsziege.

Mit seinen Feuchtwiesen und Flachwasserbereichen bietet das Naturschutzgebiet Innerer Unterspreewald ideale Bedingungen für Wat- und Wasservögel, zum Beispiel den **Seeadler** oder den **Kranich**, den man hier von März bis Juni während der Brutzeit und Jungenaufzucht beobachten kann.

Der Beobachtungsturm Wussegk steht direkt neben dem Wehr Schlepzig am Zerniasfließ auf einer Halbinsel aus mooriger Wiesenlandschaft. Von der Landstraße aus könnt ihr ein kurzes Stück Richtung Süden am Zerniasfließ zum Turm spazieren. Am besten macht ihr jedoch eine Kahnfahrt oder Paddeltour durch das Naturschutzgebiet. Die Vielfalt an Vögeln und anderen Wasserbewohnern könnt ihr so noch besser beobachten und erleben.

Im Sommer seht ihr hier nicht nur die klappernden **Weißstörche**, sondern auch **Schwarzstörche**. Ein meckernder Vogel verrät euch, dass Paarungszeit der **Bekassinen** ist. Den Spitznamen „Himmelsziege" verdankt der Vogel dem Geräusch, das die Männchen erzeugen, um die Weibchen auf sich aufmerksam zu machen. Schon ab Februar oder März könnt ihr die Himmelsziegen meckern hören. Aber keine Sorge, auch die lieblichen Töne der **Schwirle** sind neben dem Ziegengemecker zu erlauschen. Die Flachwassergebiete finden **Biber** und **Fischotter** ebenfalls sehr ansprechend. Um einen Blick auf die scheuen Fischotter erhaschen zu können, muss man allerdings viel Geduld mitbringen. Ebenfalls nur mit etwas Glück zu sichten ist die im Schilf versteckt brütende **Rohrweihe**, die sich zwischen März und August in Deutschland aufhält. Die nordischen **Wildgänse** hingegen kommen aus sibirischen Brutgebieten und verbringen den Winter ab November in Deutschland – einige von ihnen im Naturschutzgebiet Innerer Spreewald.

Info

Anfahrt: RE2 oder RE7 bis Lübben, dann Bus 506 bis Schlepzig, Buchenhain

Barrierefreiheit: Von der Landstraße aus geht ein barrierearmer Waldweg ab. Auf den Aussichtsturm gelangt ihr allerdings nur über eine Treppe.

Gut zu wissen: Die nächsten Bootsverleihe findet ihr an der Dorfstraße in Schlepzig. Die Paddeltour solltet ihr nicht allein machen, da ihr die Schleuse am Wehr Schlepzig per Hand vom Ufer aus bedienen müsst.

20 Naturpark Nuthe-Nieplitz

Die Rotmilane der Ungeheuerwiesen

Das Vogelschutzgebiet in der Nuthe-Nieplitz-Niederung bietet wunderschöne Aussichtspunkte und Wandertouren. Ein Highlight sind die Rotmilane, die an den Ungeheuerwiesen auch für weniger geübte Augen gut zu finden sind.

In nur anderthalb Stunden ist man mit der Regionalbahn von Berlin aus im Vogelschutzgebiet Naturpark Nuthe-Nieplitz südlich von Potsdam. Hier befinden sich der Blankensee und der Grössinsee. Die umliegende Landschaft aus Feuchtwiesen und Flachmooren ist idealer Lebensraum, Brut- und Rastgebiet für **Enten**, **Fischadler**, **Silberreiher**, **Kraniche**, **Goldregenpfeifer**, **Kiebitze** und **Graugänse**. In der Umgebung brüten außerdem einige **Rotmilan**-Pärchen.

Am besten startet ihr eure Tour am NaturParkZentrum. Hier erhaltet ihr Karten und Tipps für verschieden lange Touren in der Umgebung. Ein besonders schöner sieben Kilometer langer Spaziergang beginnt am NaturParkZentrum und führt euch zuerst am Schloss Blankensee vorbei über die Nieplitz und dann in Richtung Grössinsee. Folgt der Beschilderung am Seechen entlang, um den Beobachtungsturm zu erreichen. Unter den Sichtscharten auf dem Turm gibt es Tritterhöhungen für die Kleineren unter den Bobachter*innen. Von hier aus genießt ihr einen weiten Blick über die umliegenden Ungeheuerwiesen und könnt **Schwarz-** und **Rotmilane** beobachten. In Deutschland gibt es vergleichsweise viele Rotmilane, die als sogenannte Verantwortungsart geschützt sind. Über die Hälfte des Weltbestandes brütet in Deutschland, weshalb uns eine besondere Verantwortung beim Schutz dieser Greifvögel zukommt. Leider sinken die Bestandszahlen der Rotmilane in

Gute Sicht über die Ungeheuerwiesen

Deutschland, sodass sie bereits auf der Vorwarnliste stehen. Der Rotmilan bevorzugt landwirtschaftlich genutzte Kulturlandschaften, wie sie in Brandenburg zur Genüge vorhanden sind. Den Namen trägt er passend zu seinem rostfarbenen Gefieder. Markant sind die tief gegabelte Schwanzspitze und die sogenannten weißen „Fenster" an den Flügelspitzen. Dieses Flugbild lässt sich auch für Anfänger*innen sehr eindeutig erkennen. Wenn ihr ein wenig Geduld mitbringt, könnt ihr den Rotmilan bei seinen spektakulären Verfolgungsjagden und Sturzflügen auf kleine Nagetiere beobachten. Neben dem Rotmilan findet ihr hier auch die **Rohrweihe**, die jedoch ein Zugvogel ist und daher – anders als der Rotmilan – im Winter nicht anzutreffen ist.

Nachdem ihr euch am Aussichtsturm an den Ungeheuerwiesen sattgesehen habt, könnt ihr wieder zum NaturParkZentrum zurück spazieren oder

Die Hausschweine in der Tier- und Pflanzenwarte freuen sich auf euch!

noch einen Abstecher zum Bohlensteg in der Schilfzone des Blankensees machen, von dem aus ihr einen schönen Blick über das Wasser habt. Dann geht es am Mühlenberg entlang wieder zurück zum NaturParkZentrum. Hier gibt es einen Kinderspielplatz, einen kleinen Naturlehrpfad und ein Gehege mit **Ziegen** und **Schafen**. Kehrt ihr anschließend in der Friedensstadt ein, lohnt sich noch ein kurzer Abstecher zum Streichelzoo Tier- und Pflanzenwarte, an dem ihr hauptsächlich **Hausschweine** besuchen könnt. Folgt dazu vom Biergarten aus dem kleinen Weg Zur Sonne bergauf.

Die große Runde des Spaziergangs dauert (allein vom Fußweg) anderthalb Stunden, plant also mindestens drei Stunden ein, wenn ihr unterwegs Halt macht, um euch Zeit für die Tiere zu nehmen. Dazu kommt noch die Zeit, die ihr für den Streichelzoo oder die Mittagspause benötigt.

Wenn ihr euch lieber fahren lassen oder nur eine kleine Runde zu Fuß drehen möchtet, könnt ihr ausgehend vom Bahnhof Trebbin außerdem den Elektro-Rufbus „Kranich-Express“ nutzen. Der setzt euch an verschiedenen Haltestellen mit Aussichtspunkten oder kleinen Rundwegen im Naturpark Nuthe-Nieplitz ab.

Info

Adresse: Naturparkzentrum: Glauer Tal 1, 14959 Trebbin OT Blankensee | naturpark-nuthe-nieplitz.de

Anfahrt: RE4 bis Trebbin, dann Bus 751 bis Glau, Am Glauer Hof

Gastronomie: Feinkostgeschäft mit Biergarten: Was schmeckt, Bismarckstraße 9, 14959 Trebbin OT Glau

Barrierefreiheit: Am Naturparkzentrum können gehbehinderte Menschen nach vorheriger Anmeldung das sogenannte Wattmobil kostenfrei ausleihen. Es hat breite Reifen, die für sandigen Wege geeignet sind, und lässt sich mit wenig Kraft schieben. Die Ausichtstürme sind nur über Treppen zu besteigen.

Gut zu wissen: Die Tour und die Aussichtspunkte sind frei zugänglich, das Wildgehege am Glauer Tal kostet Eintritt.

21 Beobachtungsturm Garlitz

Willkommen im Großtrappengebiet!

Ihr seid auf dem Beobachtungsturm angekommen und blickt nun auf kopflose weiße Federpuschel, die auf kräftigen Beinen über die Wiese trippeln? Das sind die Garlitzer Großtrappen beim Balztanz!

Der Beobachtungsturm bei Garlitz liegt im Naturschutzgebiet Havelländisches Luch. Das Berliner Urstromtal ist hier von Bächen und Gräben durchzogen – somit herrschen gute Bedingungen für die **Großtrappe**. Das Luch ist deshalb eins von drei deutschen Schutzgebieten, in denen umfangreiche Maßnahmen für den stark gefährdeten Vogel betrieben werden. In der Paarungszeit von März bis Mai habt ihr versteckt im Beobachtungsturm einen guten Blick über die Wiesen, auf denen die Großtrappe ihren pompösen Balztanz vollführt: Um die Weibchen zu beeindrucken, dreht der Trappenhahn die weißen Unterseiten seiner Flügel nach oben. Sein Halsbereich plustert sich kugelig auf, sodass der Kopf fast vollständig verdeckt ist. Vor allem in der Dämmerung leuchten die weißen Federbälle und sind so umherstaksend nicht nur für die Trappenhennen nett anzusehen.

Die Fluchtdistanz der Großtrappen zum Menschen ist sehr groß, also bleibt bitte im Beobachtungsturm, um die Tiere nicht unnötig in die Luft zu hetzen. Das Abheben ist für die behäbigen Vögel nämlich ziemlich anstrengend: Mit bis zu sechzehn Kilogramm gehören die Großtrappen zu den schwersten flugfähigen Vögeln der Welt. Um in die Luft starten zu können, müssen sie sich gegen den Wind ausrichten und einige gewagte Hüpfer vollführen, bis sie vom Auftrieb in die Luft gehoben werden.

Aber die Großtrappe ist nicht der einzige spannende Vogel: Auch verschiedene **Gänse**arten, den **Kiebitz** und den **Großen Brachvogel** gibt es hier zu entdecken. Im Winter ist das Gebiet Konzentrationspunkt für Greifvögel wie die **Kornweihe** und den **Raufußbussard**. Im Sommer könnt ihr die **Wiesenweihe** beobachten.

Info

Adresse: Garlitz, 14715 Märkisch Luch

Anfahrt: RE4 bis Nennhausen, dann Bus 681 bis Garlitz, Neubau oder Bus 682 bis Garlitz, Dorf, dann etwa zwei Kilometer Fußweg

Barrierefreiheit: Barrierefreier Weg, auf den Turm geht es nur über eine Treppe.

Gut zu wissen: Frei zugänglich

22 Linumer Teiche und Storchenschmiede

Hier grüßt der Grus grus!

Ein atemraubendes Spektakel bieten die Linumer Teiche, an denen im Herbst abertausende Kraniche auf ihrem Weg nach Süden rasten. Aber auch außerhalb der Kranich-Saison gibt es für Hobby-Ornitholog*innen viel zu sehen.

An den insgesamt 36 Linumer Teichen in Fehrbellin findet nur eine Autostunde von Berlin entfernt von Mitte September bis Anfang November das Highlight für alle Kranich-Fans in Berlin und Brandenburg statt: Abends fliegen hier über hunderttausend Kraniche ein. Das Naturschutzgebiet ist einer der größten Rastplätze der Kraniche in Europa – ein sogenanntes Trittsteinbiotop der Vögel aus Skandinavien und Polen auf ihrer Route in die Überwinterungsgebiete in Frankreich, Portugal oder Nord-West-Afrika.

Der **Graue Kranich** – lateinisch *Grus grus* – hat ein vielfältiges Repertoire an Rufen: Manchmal könnte man meinen, sie grüßen uns freundlich („Gruuusgruuus"), dann trompeten sie während des Flugs oder geben ein knurrendes Warnsignal, das die Vogelformation dazu bringt, sich aufzuteilen. Wenn sie in der kraftsparenden Keilformation im Oktober schließlich die weite Reise in den Süden antreten, hört man ihre Rufe noch um einiges länger, als man die Kraniche sehen kann. Kraniche haben eine komplexe Kommunikation und gehen langjährige Bindungen zu ihren Partnern ein. Beim Bebrüten der Eier wechseln sich beide Elterntiere ganz nach modernen Elternzeitkonzepten ab. Die Jungvögel müssen schon kurz nach ihren ersten Flugversuchen die lange Reise ins Winterquartier meistern. Häufig verbringen sie noch den gesamten Winter bei den Eltern, bis sie schließlich in der nächsten Brutsaison eigene Partner suchen.

Die Linumer Teiche besucht ihr am besten zu den Dämmerungszeiten früh morgens oder abends. Tagsüber halten sich die Kraniche auf den umliegenden abgeernteten Maisfeldern auf. Ihr könnt die Vögel also auch tagsüber beobachten, achtet dann aber bitte unbedingt darauf, dass ihr sie nicht bei der Nahrungsaufnahme stört. Die Kraniche müssen sich für den langen Flug einiges an Reserve anfuttern. Am besten verzieht ihr euch mit eurem Fernglas ins Gebüsch oder bleibt im Auto auf den ausgewiesenen Parkplätzen sitzen.

Vom Parkplatz „Zu den Teichen" aus führt ein Weg direkt in das Teichgebiet zu mehreren Beobachtungshäuschen mit Sichtscharten und einem Aussichtsturm. Die Beobachtungshäuschen liegen zu beiden Seiten des

Auch Grasfrösche sind in Teichnähe zu finden.

In Linum brüten mehrere Storchenpaare.

Weges und bieten euch die Möglichkeit, ungesehen durch das Schilf hindurch auf die Teiche zu blicken. Die Vögel werden durch eure Anwesenheit also gar nicht gestört. Im Sommer huschen auf dem Weg hunderte **Libellen** vor euren Füßen her, und wer sich geduldig an den Wegesrand kniet, kann auch schonmal einen **Frosch** entdecken. Je nach Jahreszeit solltet ihr nicht zu weit in das Teichgebiet hineinlaufen, da der Weg im Sommer zunehmend von Gebüschen, pieksigen Disteln und giftigem Riesenbärenklau überwuchert wird. Der hinterste Aussichtsturm ist durch den Bewuchs von dieser Seite aus nicht zu erreichen. Der Riesenbärenklau ist phototoxisch; eine Berührung mit der Haut bei Sonnenlicht kann zu schmerzhaften Hautreaktionen führen. Die Beobachtungshäuschen liegen aber alle vor dem betroffenen Gebiet. Achtet beim Spazieren auf Schilder am Wegesrand, die euch auf den Riesenbärenklau hinweisen.

Ein guter Start- bzw. Endpunkt der Tour ist auch die Storchenschmiede Linum des NABU, in der ihr euch Ausstellungen zum Kranich und zum **Storch** anschauen könnt. Die Storchenschmiede bietet auch verschiedene

Führungen an und hat ein Umweltbildungsprogramm für Kitas und Schulen. Außerdem gibt es einen Hofladen und ein Café, in dem ihr euch nach der Tour stärken könnt – allerdings nur, wenn ihr tagsüber außerhalb der Dämmerung, aber innerhalb der Öffnungszeiten unterwegs seid. Etwa 900 Meter lauft ihr von hier noch durch den kleinen Ort zum Teichgebiet. In ganz Linum verteilt befinden sich um die zehn Storchennester, die bebrütet werden und für die Linum bekannt ist. Eins liegt zum Beispiel an der Bushaltestelle Küsterstege, die nicht weit von der Storchenschmiede entfernt ist.

Auch außerhalb der Kranich-Saison sind die Linumer Teiche also ein lohnenswertes Ausflugsziel. Hier könnt ihr auch **Gänse**, **See-** und **Fischadler** sowie **Silber-** und **Graureiher** beobachten. Auch der **Eisvogel**, die **Flussseeschwalbe** und die **Rohrweihe** sind hier anzutreffen. Im Sommer werdet ihr von dem hochroten Kopf der **Kolbenente** hoffentlich daran erinnert, ausreichend auf Sonnenschutz zu achten. Im Teichgebiet sind auch Mückenschutz, lange Kleidung und geschlossene Schuhe sehr zu empfehlen (Disteln, Bärenklau, Zecken, Mücken – je nachdem, wie abenteuerlustig ihr hier unterwegs sein wollt).

Info

Adresse: Linumer Teiche, Fehrbellin OT Linum | Storchenschmiede: Nauener Str. 54, 16833 Fehrbellin OT Linum | storchenschmiede.org

Anfahrt: RB10, RE2 oder RE8 bis Nauen, dann Bus 758 bis Linum, Schule

Gastronomie: Hofladen und Café an der Storchenschmiede (nur am Wochenende), in der Kranichsaison gibt es hier auch Herzhaftes an der Feuerschale. Direkt am Parkplatz befindet sich ein weiterer Hofladen, der Biokäse, Fleisch und Fisch verkauft.

Barrierefreiheit: Der Weg ins Teichgebiet ist barrierefrei, auch die Beobachtungshäuschen sind ebenerdig. Die Sichtscharten befinden sich auf verschiedenen Höhen. Zum Aussichtsturm gelangt man nur über Treppen.

Gut zu wissen: Das Teichgebiet ist frei zugänglich. Zwischen April und November werden unter anderem vom NABU vogelkundliche Führungen durch das Gebiet angeboten.

23 Gülper See

Ein echtes Gänseparadies

Hunderttausende Gänse bieten an lauen Sommer- und Herbstabenden ein wildes Spektakel bei romantischem Sonnenuntergang. Das Naturschutzgebiet Gülper See ist ein wichtiger Rastplatz für die Vögel auf dem Weg in ihre Überwinterungsgebiete.

Der Gülper See liegt etwa anderthalb Autostunden von Berlin entfernt in der Havelaue westlich von Rhinow. Mit öffentlichen Verkehrsmitteln ist das Naturschutzgebiet nur schwer zu erreichen, ihr könnt aber den Regio bis Rathenow nehmen und von dort aus noch etwas mehr als eine Stunde mit dem Rad an der Landstraße entlang fahren.

Am Südufer des Gülper Sees befinden sich ein Beobachtungsturm und zwei überdachte Beobachtungsstände, von denen aus ihr einen hervorragenden Blick über die Uferzone habt. Im Sommer und im Herbst finden sich hier gegen Abend regelmäßig über hunderttausend **Saat-** und **Blässgänse** mit tosendem Geschnatter ein. Ein spektakuläres Schauspiel, das sich Gänseliebhaber*innen nicht entgehen lassen sollten!

Die Saat- und die Blässgänse sehen sich sehr ähnlich und werden häufig verwechselt. Die Saatgans hat einen dunkleren Kopf als die Blässgans. Das lässt sich über den Namen sehr gut merken. Dabei hat die Blässe nichts mit dem mangelnden Teint zu tun, sondern bezeichnet die weiße Stelle oberhalb des rosa-orangen Schnabels (so wie auch bei den Blässhühnern). Die Saatgans hat keine Blässe, kann dadurch aber leicht mit der Graugans verwechselt werden. Das Leben als Hobbyornitholog*in ist nicht leicht im Gänseparadies! Die Graugänse überwintern allerdings lieber in Südwesteuropa. Am Gülper See ist die Wahrscheinlichkeit, zu dieser Jahreszeit eine Graugans zu sehen, also recht klein.

Der Gülper See ist außerdem ein wichtiger Rastplatz für **Enten**, **Möwen**, **Seeschwalben** und **Limikolen**. Am Südufer gibt es Aussichtstürme und Beobachtungsstationen, von denen aus ihr einen guten Blick über den See habt.

Info

Adresse: Gülper See, 14715 Havelau

Anfahrt: RE4 bis Rathenow, dann eine gute Stunde mit dem Fahrrad

Barrierefreiheit: Die Aussichtstürme sind nur über Stufen zu erreichen.

Gut zu wissen: Frei zugänglich, schöne Touren am Gülper See und in der Umgebung mit ausführlichen Infos auf komoot.com

Du schlaves Huhn!

Fokus Bildung

Ganz entgegen der bekannten Redewendung sind Hühner sehr intelligente Tiere. In diesem Kapitel lernt ihr neben den schlauen Hühnern auch viele andere Haus- und Nutztiere kennen und schärft euer Verständnis für Wildtiere. Außerdem stellen wir beforschte Sammlungen vor – zum Beispiel in Naturkundemuseen –, in denen Grundsätze der Morphologie, Artabgrenzung und Evolution sichtbar und erfahrbar gemacht werden.

24 Museum für Naturkunde Berlin

Skelettiert und präpariert – das Leben steht Modell

Alles Quagga oder was? Von Dinos über Buckelzikaden und Bänderschnecken bis hin zum Quagga könnt ihr euch im Museum für Naturkunde mit der Evolution, der Vielfalt und dem Leben beschäftigen.

Das Naturkundemuseum Berlin ist bekannt für seine riesigen **Dinosaurier**skelette im Lichthof. Der ausgestellte Brachiosaurus, der 2007 „Oscar" getauft wurde, ist mit über dreizehn Metern das größte montierte Dinosaurierskelett der Welt. Auch den pflanzenfressenden Kentrosaurus mit dem stachligen Rücken oder fleischfressende Theropoden wie den Allosaurus, die als direkte Vogelvorfahren gelten, könnt ihr hier bestaunen. Ein weiteres Highlight ist das Berliner Exemplar des Urvogels und geltender Beleg als evolutionäre Übergangsform – der **Archaeopteryx**. Ein Blick durch die Juraskope (interaktive Ferngläser) zeigt euch, wie die lebendigen Dinosaurier damals wahrscheinlich ausgesehen haben.

Die Dauerausstellung „Evolution in Aktion" präsentiert 3.000 verschiedene präparierte Tiere aus diversen Lebensräumen in einer sogenannten Biodiversitätswand, anhand derer ausgewählte Evolutionsmechanismen sowie die Vielfalt und auch das Aussterben von Arten erklärt werden. Hier könnt ihr zum Beispiel das ausgerottete **Quagga** sehen – eine Form des Steppenzebras – oder auch Halbschalenmodelle von **Meeresschildkröte** und **Seehund**. Die vielfarbigen, sowohl quer- als auch längsgestreiften Häuser der hübschen **Bänderschnecken** zeigen deutlich genetisch bedingte Variationen einer Art – die Grundvoraussetzung für evolutionäre Prozesse. Je nach Umweltbedingungen, also zum Beispiel Farbe und Struktur des Lebensraums, sind gewisse Farben und Muster des Hauses entweder

Oscar ist das weltgrößte montierte Dinoskelett.

Die Nass-Sammlung umfasst eine Million Objekte.

auffälliger oder besser vor Fressfeinden getarnt. So werden zum Beispiel dunkle Farben des Schneckenhauses im schattigen Wald häufiger an Nachkommen vererbt als auf der hellen Wiese, da die dunkleren unter den Schnecken im Wald weniger schnell von Vögeln erspäht und gefressen werden als die hellen. So können sich die dunkleren Bänderschnecken im Wald häufiger fortpflanzen, die helleren Bänderschnecken hingegen haben auf der Wiese einen Überlebensvorteil.

Die Ausstellung der Nass-Sammlung zeigt euch einen kleinen Teil des „Archivs des Lebens“, das im Museum gelagert, gesammelt und beforscht wird. Eine Million Objekte in 80 Tonnen Alkohol füllen insgesamt 276.000 Gläser auf 12,6 Kilometern Regalfläche – verteilt über drei Etagen. Die Nass-Sammlung könnt ihr dauerhaft im Naturkundemuseum besuchen, genauso wie die **Insekten**modelle des Präparators und wissenschaftlichen Modellbauers Alfred Keller. Seine eindrucksvollen Plastiken stellen unter anderem heimische Insekten wie die Stubenfliege, Buckelzikade oder den Kornkäfer in Überlebenesgröße dar, sodass ihr sämtliche Details der kleinen Insekten wie unter einem Mikroskop begutachten könnt. Zu den Dauerausstellungen kommen immer wieder Wechsel- und Sonderausstellungen hinzu.

Neben verschiedenen Bildungsangeboten und Führungen für alle Altersgruppen vor Ort gibt es auch ein digitales und auditives Informationsangebot, wie zum Beispiel digitale Guided Tours auf YouTube, mit denen ihr ganz bequem von der Couch aus auf Forschungsreise durch die Ausstellung sowie die Vogel- oder Säugetiersammlung gehen könnt. Im hauseigenen Podcast „Beats & Bones“ erzählen Fachleute von ihrer Forschungsarbeit, und mit „Süßes oder Saurier“ hat das Museum außerdem einen Wissenspodcast für Kinder im Angebot.

Info

Adresse: Invalidenstraße 43, 10115 Berlin | museumfuernaturkunde.berlin

Anfahrt: U6, Tram M5, M8, M10 oder M12 bis Naturkundemuseum

Gastronomie: Gemütliches Museumscafé mit herzhaften und süßen Kleinigkeiten: Café MarcAnn's (nur Barzahlung möglich), Invalidenstraße 43, 10115 Berlin

Barrierefreiheit: Ein barrierefreier Eingang befindet sich rechts neben dem Hauptportal, hier gibt es auch drei Behindertenparkplätze. Der Großteil der Ausstellungen ist barrierefrei. Über das eigene Smartphone kann der kostenlose Digital Guide in Anspruch genommen werden, der euch eine Museumstour in Gebärdensprache gibt. Auf Anfrage bietet das Museum auch Tast-Erlebnistouren für Menschen mit Sehbehinderung an.

Gut zu wissen: Am ersten Sonntag des Monats ist der Eintritt frei.

25 Tierhof Alt-Marzahn

Der Pfau und die sieben Geißlein

Ländliches Agrar-Flair mit romantischer Mühle mitten in der Stadt: Auf dem Tierhof Alt-Marzahn können Berliner Stadtmenschen alles über Nutztiere, Getreideanbau und historische Landwirtschaftsmaschinen lernen.

Vor der Bockwindmühle in Alt-Marzahn grasen **Alpakas** auf der grünen Wiese am Hang. Ein malerisches Bild, das nur noch vom Rad des **Pfau**s übertroffen wird, der der alten Mühle scheinbar Konkurrenz machen möchte. Die kleinen **Zicklein** meckern mit hohen Stimmchen und hüpfen den blökenden **Schafen** aufgedreht zwischen den Beinen herum.

Der Tierhof Alt-Marzahn ist eine Bildungsstätte des Vereins Agrarbörse Deutschland Ost, der sich für Mensch und Stadtnatur einsetzt. Zum Tierhof gehört eine Fachbibliothek mit Literatur zu Agrarwissenschaften, Biologie, Ökologie, Zucht und Veterinärmedizin. Im anliegenden Maschinenpark könnt ihr historische Maschinen aus der Landwirtschaft begutachten, zum Beispiel die durch eine Handkurbel angetriebene Kartoffelklapper oder den Pferdesammelrechen für das Zusammenkehren und Trocknen von Heu.

Auf einem Holztraktor im Sandkasten können kleine Bauern und Bäuerinnen schonmal das Fahren üben. Außerdem gibt es für Kinder Angebote wie die Märchenstunden am Nachmittag und **Pony**reiten.

Im Getreidelehrgarten dürft ihr an bestimmten Aktionstagen mitackern. Wer den Tierhof gern längerfristig unterstützen möchte, kann auch ein Schulpraktikum oder ein Freiwilliges Ökologisches Jahr absolvieren.

Am denkmalgeschützten alten Bauernhaus gibt es in einem kleinen Hofladen Marmelade, Honig und Wein und andere kleine Mitbringsel zu erwerben.

Info

Adresse: Alt-Marzahn 63, 12685 Berlin | agrar-boerse-ev.de/inserat/tierhof-alt-marzahn.

Anfahrt: Bus oder Tram bis Alt-Marzahn | Bus 192 oder 195 bis Hinter der Mühle

Gastronomie: Rustikales Landgasthaus mit Biergarten: Marzahner Krug, Alt-Marzahn 49, 12685 Berlin

Barrierefreiheit: Die Tiergehege sind ebenerdig zu erreichen. Zur Mühle hin geht es zum Teil ziemlich steil hoch.

26 Helle Tierarche

Meckern gegen Zecken – die Thüringer Waldziegen

Wusstet ihr, dass Schweine blonde Locken haben und Braune Bergschafe meistens Zwillinge bekommen? Oder dass Ziegen gegen Zecken wirken? In der Hellen Tierarche erfahrt ihr spannende Fakten über alte Nutztierrassen und Artenvielfalt!

Die Helle Tierarche ist ein verspielter, liebevoll zusammengewürfelter Hof, auf dem ihr neben der **Leinegans** und den **Hühnern** auch so manch kreative Inszenierung von Schnullern am Nuckel-Baum oder eine Vogelscheuche auf einem Rostesel entdecken könnt. Außerdem gibt es auf dem Hof eine Bürgerwerkstatt und eine Bücherscheune – hier darf man sich ein Buch ausleihen und zurückbringen oder auch behalten und dafür gegen ein anderes tauschen.

Mehrere **Katzen** liegen schnurrend in der Sonne. Die **Walliser Schwarznasenschafe** kommen neugierig angelaufen, wenn ihr euch nahe an den Zaun stellt. Die Walliser Schwarznasenschafe sind – wie der Name schon sagt – weiß mit einer schwarzen Nase. Doch auch die Ohren und Knie sind mit schwarzem Fell bedeckt. Diese Schafrasse ist sehr zutraulich und kinderlieb, auch wenn ihre spiralförmigen Hörner respekteinflößend aussehen – gut zu erkennen auf dem Foto auf der nächsten Seite. Sowohl die Mutterschafe als auch die Männchen tragen die geschwungen Hörner, die mit zunehmendem Alter immer länger werden. Häufig kommen die Walliser Schwarznasenschafe als Zwillinge zur Welt, weshalb man bei der Haltung ausreichend Platz für Nachwuchs einplanen sollte.

Die Helle Tierarche hat es sich zur Aufgabe gemacht, vom Aussterben bedrohte Nutztierrassen zu züchten und zu erhalten. Hierzu zählen auch das **Braune Bergschaf**, die **Pommernente**, die früher als

Das braune Bergschaf ist eine traditionelle Nutztierrasse.

Sowohl Männchen als auch Weibchen der Walliser Schwarznasenschafe tragen imposante Hörner.

Schwedenente bekannt war, und das sogenannte **Marderkaninchen**. Die Marderkaninchen wurden vor über hundert Jahren gezüchtet, um eine Immitation des Possumfells zu erreichen, das Anfang des zwanzigsten Jahrunderts begehrtes Material zum Beispiel für Pelzmäntel war. Das Vorhaben scheiterte allerdings – zum Glück für die Marderkaninchen. Mit ihrer hübschen bräunlichen und gräulichen Färbung erinnern die Kaninchen an Stein- und Edelmarder, weshalb sie nach ihnen benannt worden sind. Durch die elegante Körperform und Farbe fanden die Marderkaninchen großen Anklang, auch wenn die ursprüngliche Pelzidee bald wieder aufgegeben wurde.

Ebenso findet man auf dem Hof die niedlichen **Wollschweine**, deren schicke Lockenfrisur man in Deutschland sonst nur noch sehr selten zu Gesicht bekommt.

Auch die **Thüringer Waldziege** wird hier gezüchtet. Ziegen und Schafe sind nicht nur für verschiedene Beweidungsformen im Einsatz, Ziegen helfen auch gegen Borreliose aus Zeckenbissen. Nicht nur weil viele Zecken durch die Wiederkäuer einfach samt Grashalm aufgefressen werden. Sollte es ihnen dennoch gelingen, die Ziege zu beißen, verlieren sie durch das Ziegenblut bis zum nächsten Häutungszyklus ihre Borreliose-Erreger! Da sich die Ziegen auch nicht anstecken, wird auf die nächste Zecke, die an der Ziege knabbert, kein Erreger übertragen und die gesamte Herde bleibt gesund. Wenn ihr also das nächste Mal durch Gebüsch und Unterholz kracksel, achtet doch darauf, euer Outdoor-Abenteuer möglichst in der Nähe einer Ziegenweide zu veranstalten – oder auf dem Tierhof Helle Tierarche.

Für einen Euro bekommt ihr einen Kaffee oder Tee – für zwei Euro einen Eimer Tierfutter. Auf der Hellen Tierarche könnt ihr übrigens nicht nur für die Tiere, sondern auch für die Hochbeete Patenschaften übernehmen, ein Schulpraktikum oder einen Freiwilligendienst machen.

Info

Adresse: Oschatzer Ring 1, 12627 Berlin | helle-tierarche.de

Anfahrt: U5 bis Louis-Lewin-Straße | Bus 195 bis Oschatzer Ring

Gastronomie: Diverse Cafés und Restaurants rund um den U-Bahnhof Hellersdorf, unter anderem am Einkaufszentrum Helle Mitte

Barrierefreiheit: Ebenerdig, der Boden ist allerdings nur teilweise asphaltiert.

Gut zu wissen: Der Eintritt ist frei. Hunde sind auf dem Gelände nicht erlaubt.

27 Haus Natur und Umwelt

Von der Bartagame bis zum Präriehund

Im Haus Natur und Umwelt auf dem FEZ-Gelände könnt ihr die verschiedensten Tierarten beobachten und lernt spielerisch alles über den Wald und seine Bewohner – und den Ozean und seinen Plastikmüll.

Das Haus für Natur und Umwelt (HNU) befindet sich auf dem Gelände des Familienzentrums FEZ an der Wuhlheide. Richtung Fuchsbau und Badesee seid ihr vom Haupteingang aus fürs Erste auf dem richtigen Weg. Hinter der Freilichtbühne Wuhlheide müsst ihr euch dann links halten.

Das HNU hat spannende Innen- und Außenbereiche, ein Besuch lohnt sich daher zu jeder Jahreszeit. Drinnen liegt der Fokus auf Umweltbildung: Ihr erfahrt Wissenswertes über heimische Tiere und Pflanzen und könnt euch interaktiv mit Themen wie dem Plastikmüll in den Ozeanen, Lebewesen im Wald oder dem Wurmkompost beschäftigen. Außerdem findet ihr hier Terrarien mit **Kornnattern**, **Wandelnden Blättern**, **Perleidechsen**, **Leopardengeckos** und **Bartagamen**.

Draußen könnt ihr **Ziegen** und **Schafe** aus nächster Nähe beobachten und streicheln. Außerdem gibt es **Hühner**, **Laufenten**, **Pferde** und **Alpakas** zu bestaunen. Den **Präriehunden** könnt ihr dabei zusehen, wie sie aus ihren unterirdischen Gängen die Erde hinauswerfen. Ab und zu taucht einer auf und stellt sich auf die Hinterpfoten – nun könnt ihr euch gegenseitig anstarren, bis einer zuerst blinzelt. Dann verschwindet der Präriehund wieder flink in seinem Erdloch. Am **Damwild**-Gehege könnt ihr Futter aus einem Automaten ziehen und euch die Hände durch den Zaun von den zutraulichen Kühen abschlabbern lassen.

Ein Besuch im HNU bietet sich für Familien in Verbindung mit einem Tagesausflug zum FEZ an.

Info

Adresse: An der Wuhlheide 169, 12459 Berlin | hnu-berlin.de

Anfahrt: S3 oder Bus 190 bis Wuhlheide

Gastronomie: Kaffee, Kuchen und kalte Getränke im hauseigenen Waldcafé

Barrierefreiheit: Das FEZ-Gelände ist barrierefrei, das HNU fungiert als Begegnungsstätte für behinderte und nicht behinderte Menschen. Einige spielerische Angebote eignen sich zum Erkunden durch Tasten.

Gut zu wissen: Hunde sind (mit Ausnahme von Assistenzhunden) nicht erlaubt.

28 Bienenlehrgarten BeeInBerlin

Großstadthonig und Wildbienenschutz

Im Bienenlehrgarten BeeInBerlin erfahrt ihr alles über Honigbienen und ihre wildlebenden Verwandten. Für Schulklassen gibt es ein Grünes Klassenzimmer. Bienenliebhaber*innen allen Alters können sich hier zu Hobbyimker*innen ausbilden lassen.

Die Kleinimkerei BeeInBerlin gibt es seit 2022, der Bienenlehrgarten wurde im April 2023 eröffnet und ist erst vor Kurzem an die Wuhlheide umgezogen. Begonnen hat alles mit Imkerkursen für die interessierte Nachbarschaft, die Felix Derengowski in Karlshorst gab. Weil er sich nicht ausschließlich um sein Fokustier – die **Honigbienen** – kümmern wollte, arbeitete er schon hier mit **Wildbienen**expert*innen zusammen. Gemeinsam mit Henrik Schwartz, der sich in seiner NABU-Bezirksgruppe um Wildbienenschutz in der Stadt kümmert, gründete der Hobbyimker dann schließlich die Initiative Bienenlehrgarten.

Das Angebot des Lehrgartens richtet sich unter anderem an Schulklassen, die den Bienenlehrgarten als Grünes Klassenzimmer an der frischen Luft nutzen können. Aber auch drinnen finden Schulungen am Whiteboard statt. Spannende Bienenfakten erwarteten euch! Wusstet ihr zum Beispiel, dass männliche Bienen, die Drohnen, aus unbefruchteten Eiern entstehen und keinen Stachel besitzen? Oder dass eine Arbeiterin des Bienenstocks in ihrem Leben ca. 8.000 Kilometer zurücklegt? Das entspricht ungefähr der Strecke von Deutschland über den Atlantischen Ozean bis nach Kuba!

Auch außerhalb vom Schulunterricht könnt ihr im Bienenlehrgarten Kurse belegen und euch zu Hobbyimker*innen ausbilden lassen. Im Sommer gibt es einen Schnupperkurs, bei dem ihr euch auf den Spuren der Bienen durch das Naturschutzgebiet Biesenhorster Sand bewegt und hautnahe Einblicke in einen lebendigen Bienenstock erhaltet. Außerdem erfahrt ihr alles über das Bienenjahr und die Honiggewinnung. Ein Honigtasting rundet den Workshop ab. Im Winter könnt ihr euch zum Thema Überwinterung weiterbilden – ideal für Imkereianfänger*innen, die sich für die erste Überwinterung ihres Volkes fachkundige Begleitung wünschen.

Info

Adresse: An der Wuhlheide 81, 12459 Berlin | beeinberlin.de/bienenlehrgarten

Anfahrt: Tram M17, 21, 27 oder 37 bis Hegemeisterweg

Barrierefreiheit: Das Gelände ist barrierefrei.

29 Schmetterlingshorst

Zum Lunch mit Schmetterlingen

Im Schmetterlingshorst im Köpenicker Forst befindet sich die größte Schmetterlingssammlung Deutschlands. Der gemütliche Biergarten mit Blick aufs Wasser lädt zu einer lehrreichen Mittagspause ein.

Der Schmetterlingshorst im Köpenicker Forst beherbergt mit über 4.000 einheimischen und exotischen Schmetterlinge und anderen Insektenarten die größte Schmetterlingssammlung Deutschlands. Neben den in Deutschland heimischen **Pfauenaugen**, **Hirsch-** und **Bockkäfern** schimmern auch einige Sonderlinge wie zum Beispiel die auf Sulawesi endemischen Ritterfalter in mattschwarz mit blaugrünen Streifen im metallischen Neonlook. Außerdem könnt ihr hier einige **Wasserkäfer** direkt neben den **Feuerkäfern** bewundern und euch von den haarigen Beinen einer **Vogelspinne** verzaubern lassen. Keine Sorge, krabbeln tut hier schon lange keins der Exponate mehr.

Vor und im Ausstellungsraum befinden sich einige Plakate und interaktive Übungen, die euch zum Beispiel über die Metamorphose oder die unglaublichen Besonderheiten der **Ameisen** aufklären.

Am besten verbindet ihr euren Besuch im Schmetterlingshorst mit einer Fahrrad- oder Wandertour durch den Köpenicker Forst – zum Beispiel in Kombination mit einem Badenachmittag am Großen Müggelsee oder einer Wanderung auf den Kanonenberg. Der gemütliche Biergarten eignet sich dann ideal für die Mittagspause. Alle Erlöse aus dem Imbissbetrieb gehen in den gemeinnützigen Erhalt der Sammlung und des soziokulturell genutzten Grundstücks. Einmal im Jahr finden im Schmetterlingshorst außerdem die Köpenicker Umwelttage statt.

Einige wenige Parkplätze gibt es an der Zufahrtsstraße Zum Schmetterlingshorst. Wer lieber gediegen mit dem Bötchen anschippert, kann sogar am hauseigenen Anleger parken.

Info

Adresse: Zum Schmetterlingshorst 2, 12559 Berlin | schmetterlingshorst.de

Anfahrt: Bus 169 bis Chausseehaus, dann etwa zwei Kilometer Fußweg

Barrierefreiheit: Der Biergarten ist ebenerdig, zur Schmetterlingsaustellung führt eine Rampe neben den Stufen. Innerhalb des Ausstellungsraumes ist der Platz zum Rangieren für Rollstuhlfahrende gerade so ausreichend.

Gut zu wissen: Der Eintritt ist frei, Spenden sind willkommen.

30 Naturschutz- und Rangerstation Marienfelde

Die Ranger von den Zwiebelfröschen

Hier trifft der Borst aus dem Forst auf die eierlegende Wollmilchsau: In der Naturschutz- und Rangerstation erfahrt ihr Wissenswertes über Wild- und Nutztiere, Artenvielfalt und Stadtnatur und könnt euch zum Junior-Ranger ausbilden lassen.

Die Naturschutz- und Rangerstation Marienfelde liegt direkt an der südlichen Berliner Stadtgrenze. Sie gehört zum gemeinnützigen Verein Naturwacht Berlin und übernimmt in Kooperation mit dem Bezirk Tempelhof-Schöneberg Aufgaben im Naturschutz und in der Landschaftspflege in Marienfelde. Dazu gehören die Biotoppflege und -erhaltung, aber auch das Informieren der Parkbesucher*innen. Das Rangerteam ist außerdem im Artenmonitoring und Wildtiermanagement aktiv und bietet diverse pädagogische Angebote sowie Grüne Klassenzimmer für Kitas und Schulen an. Zur Naturbildung gehört auch das Junior-Ranger-Programm „Die Zwiebelfrösche", das seit 2008 als erfolgreiches Leuchtturmprojekt durchgeführt wird. Alle Schulkinder, die schon lesen und schreiben können, dürfen im Rahmen des Programms an der Grünen Sommerschule teilnehmen und sich zum Junior-Ranger ausbilden lassen. Auf dem Gelände gibt es außerdem eine Waldecke und ein Haus der Artenvielfalt, in dem Kinder und Jugendliche viel Interessantes über Insekten und Amphibien erfahren können. Im Laborwagen kann man außerdem mit Bodenproben experimentieren und Mikroorganismen unter dem Mikroskop beobachten.

Auf dem Gelände leben auch einige Wildtiere, die ihr auch außerhalb des Bildungsprogramms besuchen könnt, darunter der „Borst vom Forst": Das **Wildschwein** Borst ist ein junger Keiler, der als Frischling in der Rangerstation mit der Flasche aufgezogen werden musste. Auch die **Waschbär**-Geschwister kamen vor einigen Jahren aus einer Notsituation in die Station – ihre Mutter wurde von einem Auto erfasst, sodass die Jungtiere im Alter von vierzehn Wochen allein auf der Straße saßen. Dank der Pflege in der Naturschutz- und Rangerstation sind sie heute wieder putzmunter. Immer wieder kommt es vor, dass die Station verletzte **Biber** aufnimmt und aufpäppelt, bis sie wieder ausgewildert werden können.

Neben den Wildtieren werden auch Nutztiere wie **Hühner**, **Schafe** und **Bienen** gehalten. 181 Wildbienenarten leben im Volkspark Marienfelde. Die Naturschutz- und Rangerstation hat ein großes **Insekten**hotel auf dem Gelände, das aber eher zu Anschauungszwecken dient. Die Insekten finden auf

Ein Admiral am Schmetterlingsbüffet

Die Blindschleiche – eine beinlose Echse

dem bewachsenen Berg der ehemaligen Mülldeponie im Volkspark genug natürliche Lebensräume. Das Insektenhotel hingegen muss spätestens nach zwei Jahren ausgetauscht werden, da sich hier dann diverse Parasiten ansammeln. Die vielen Blüten auf dem Gelände ziehen eine Menge **Schmetterling**sarten an. Einige Brennnesseln werden für den Admiralsfalter stehen gelassen, der seine Eier ausschließlich auf Brennnesseln ablegt.

Die Wolle der Schafe wird vor Ort gesponnen und kann auch erworben werden. Die Schafsköttel werden vom **Stierkäfer** verwertet. Der Stierkäfer glänzt in einem metallischen Schwarz und trägt eine Art Geweih auf dem Kopf – daher der Name. Stierkäfer sind in Ökosystemen mit sandigen Böden wichtige Bodenbelüfter, da sie Gänge für ihre Brutkammern in den Boden graben.

Blindschleichen dürfen auf dem Gelände der Naturschutzstation von den Mitarbeitenden zu Anschauungszwecken eingesammelt werden, wenn sie anschließend wieder freigelassen werden. Die Blindschleiche ist eine Schleiche – also keine Schlange, obwohl sie mit ihrer schuppigen Haut und den fehlenden Beinen wie eine aussieht. Blindschleichen ernähren sich von Regenwürmern, Schnecken und Insekten. Übrigens ist die Blindschleiche nicht blind! Im Gegensatz zu Schlangen kann sie sogar ihre Augenlieder bewegen. Die Namensgebung ist nicht ganz klar, jedoch wird vermutet, dass die Bezeichnung aus dem Althochdeutschen von dem Wort „Blende" herrührt, das sich auf die glänzende kupferfarbene Oberfläche der Haut beziehen könnte. Bei Gefahr kann die Blindschleiche einen Teil ihres Schwanzes abwerfen, der dann noch einige Zeit lang eigenständig weiter zappelt, sodass Fressfeine wie der Igel, Dachs oder Fuchs davon abgelenkt sind und sich hoffentlich mit dem kleineren Happen zufrieden geben. Der Schwanz wächst allerdings nicht nach, weshalb die Blindschleiche diese Strategie nur einmal in ihrem Leben anwenden kann.

Verschiedene Führungen und Workshops zu Schafen, Bienen und der Imkerei, aber auch zum Igel, den Kröten, Insekten und allgemein zur Artenvielfalt finden regelmäßig in der Naturschutz- und Rangerstation statt. Von April bis Oktober können Interessierte jeden ersten Sonntag im Monat zwischen 12 und 18 Uhr zum Tag der offenen Tür vorbeischauen. Der informative Besuch lässt sich gut mit einem Sonntagsspaziergang durch den großen Freizeitpark Marienfelde verbinden. Hier könnt ihr auf einen Hügel hinaufsteigen, von dem aus ihr eine tolle Aussicht Richtung Brandenburg habt, oder auf den Schlehenberg im Nordwesten spazieren und anschließend dem Bolz- und Skaterplatz einen Besuch abstatten.

Info

Adresse: Diedersdorfer Weg 5, 12277 Berlin | naturschutzstation-marienfelde.de

Anfahrt: Bus 277 bis Baußnerweg, dann knapp ein Kilometer Fußweg)

Gastronomie: Keine Cafés und Restaurants in der Nähe. Nehmt euch am besten einen Picknickkorb mit in den Volkspark.

Barrierefreiheit: Barrierefrei, teils aber schwer befahrbarer naturnaher Untergrund. Der Zugang zu den „Klassenzimmern" ist barrierefrei.

Gut zu wissen: Eintritt frei

31 Domäne Dahlem

Hühnergegacker auf dem Dahlemer Acker

Bekannt ist sie für ihre Biokartoffeln – jeden September hechten die Berliner*innen hier über den Acker, immer hinter dem Traktor her, der die schmackhaften Knollen an die Erdoberfläche befördert. Aber die Domäne Dahlem hat noch mehr zu bieten.

Das Landgut Domäne Dahlem ist einer der Berliner Arche-Höfe, die vom Aussterben bedrohte Nutztierarten und Haustierrassen züchten. Dazu gehört das **Sattelschwein** genauso wie das **Rote Höhenvieh** und das **Rauwollige Pommersche Landschaf**. Auf einer Tour durch die Domäne Dahlen trefft ihr außerdem die **Pommernente**, **Minorka-Hühner** und **Deutsche Sperber** (das schwarz-weiße Huhn ist namentlich nicht zu verwechseln mit dem Greifvogel). Wem der Rundgang etwas zu weit ist, der kann sich im Traktoranhänger herumfahren lassen – aber Achtung, es wird holprig!

Auf dem Rundgang (oder der Rundfahrt) kommt ihr neben den Weiden auch an Gemüsefeldern und dem Misthaufen vorbei, denn der Bio-Bauernhof betreibt auch Obst- und Gemüseanbau und Landschaftspflege auf seinen Flächen. Tierprodukte sowie das Obst und Gemüse sind im Hofladen und jeden Samstagvormittag beim Ökomarkt erhältlich.

Im Culinarium könnt ihr unter dem Motto „Vom Acker bis zum Teller" viel über Agrar- und Ernährungskultur lernen. Als „Bildungseinrichtung für nachhaltige Entwicklung" hat die Domäne Dahlen außerdem Sonderausstellungen, Workshops und Führungen für verschiedene Zielgruppen im Angebot, zum Beispiel den Kurs „Hühnerhaltung für Einsteiger".

Neben dem Ernte-, dem Kinder- und dem Kartoffelfest finden jährlich auch romantische Herbst- und Adventsmärkte statt. In der Hofschmiede, der Töpferei, der Keramik- und der Vergolderwerkstatt sowie der Spinnerei und Weberei könnt ihr außerdem handgefertigte Produkte erwerben.

Info

Adresse: Königin-Luise-Straße 49, 14195 Berlin | domaene-dahlem.de

Anfahrt: U Domäne Dahlem

Gastronomie: Vom Acker direkt auf den Teller: Landgasthaus auf dem Gelände der Domäne Dahlem | Im Sommer gibt es am Eisstand Bio-Eis aus Ziegenmilch.

Barrierefreiheit: Das Gelände ist größtenteils ebenerdig. Behindertengerechte WCs sind vorhanden.

Gut zu wissen: Der Eintritt ist frei. Hunde sind an der Leine erlaubt.

32 Falkenhof am Waldhaus Potsdam

Vom Jagen und gejagt werden

Elegant und majestätisch gleitet er durch die Luft. Der kräftige Rumpf wird von den spitzen, über einen Meter langen Flügeln getragen. Ewig lässt sich er sich so im Gleitflug treiben und scheint dabei nie mit den Flügeln zu schlagen.

Ihr wolltet schon immer mal einen Falken im freien Gleitflug beobachten, seid aber zu ungeduldig für langes Ausharren auf Beobachtungstürmen? Am Waldhaus Potsdam könnt ihr es euch einfach auf den Bänken im Falkenhof gemütlich machen und das Spektakel bestaunen.

Der Falkenhof am Waldhaus Potsdam liegt im Forst Potsdam Süd und wird vom Verein Wald-Jagd-Naturerlebnis e.V. betrieben. Der kleine Verein setzt sich für die Umweltbildung von Kindern, Jugendlichen und Erwachsenen ein und möchte den Wald und seine Bewohner in jeder Jahreszeit zugänglich und erfahrbar machen. Auf dem Gelände des Waldhauses Potsdam gibt es eine Jagdausstellung und einen kleinen Streichelzoo mit **Ziegen**, **Hühnern** und **Kaninchen**.

Auf dem Falkenhof erhaltet ihr Einblicke in historische und aktuelle Methoden der Falknerei – und könnt natürlich auch die Falken selbst bestaunen. In Berlin und Brandenburg kommen drei Falkenarten in freier Wildbahn vor, die ihr auch auf dem Falkenhof am Waldhaus sehen könnt: der **Baumfalke**, der **Turmfalke** und der **Wanderfalke**. Der Wanderfalke ist neben dem Habicht der in Deutschland am meisten gehaltene und eingesetzte Beizvogel. Das alte Wort „Beiz" kommt von „Beißen". Beizvögel wie der Wanderfalke werden zur Jagd eingesetzt und töten ihre Beute mit nur einem Genickbiss. Mit einem Wanderfalken können zum Beispiel Wildkaninchen, Rebhühner oder Fasane gebeizt werden. Üblicherweise werden die Tiere mithilfe eines Jagdhundes aufgescheucht, sodass der Wanderfalke die Beute mitten im Flug schlagen kann.

Wanderfalken werden traditionell zum Beizen genutzt.

Der Bartkauz Ole beim „Freiflug der Greifvögel"

Neben den heimischen Falkenarten werden im Waldhaus Potsdam auch **Sakerfalken**, **Weißkopfseeadler**, **Bussarde**, **Eulen** und zeitweise sogar **Schreiadler** gehalten. Die Schreiadler sind in Deutschland vom Aussterben bedroht, da sie Lebensräume brauchen, die heutzutage so kaum noch vorhanden sind. Sie benötigen dünn besiedelte und abgelegene Waldgebiete, die ihren Horsten den nötigen Schutz geben können. Seinen Namen verdankt der Schreiadler dem hohen, markanten Balzruf, den er während des Fluges ausstößt und der wie ein langgezogenes, pfeifendes „wiiik" klingt. Über den Winter ziehen die Schreiadler nach Südafrika – eine gefährliche und zehntausend Kilometer lange Reise, die kein anderer bei uns heimischer Vogel schafft. Auf der Strecke werden die Schreiadler teilweise gejagt und abgeschossen. Junge Schreiadler hingegen wählen manchmal eine falsche Zugroute und ertrinken im Mittelmeer, wo es keine ausreichende Thermik wie über dem Festland gibt, die sie zum Auftrieb nutzen können. Im April machen sich die Schreiadler, die es bis ins Sommerquartier geschafft haben, wieder auf den Weg zurück in ihre Brutgebiete. Der Verein Wald-Jagd-Naturerlebnis kümmert sich um die Aufzucht und anschließende Auswilderung der gefährdeten Schreiadler in Brandenburg.

Wenn ihr die Tiere auf dem Falkenhof unter der Woche besuchen wollt, müsst ihr euch vorab anmelden, am Wochenende könnt ihr ganz spontan innerhalb der Öffnungszeiten vorbeikommen. Als größere Gruppe könnt ihr auch einfach eines der vielen interaktiven Angebote buchen, zum Beispiel eine Jägerführung oder einen Waldspaziergang gemeinsam mit einer Eule oder einem Greifvogel. Auch Teamtage werden auf dem Hof veranstaltet – wenn ihr ganz mutig seid, dann wagt doch mal „Falkner sein für einen Tag“. Im Sommer finden außerdem Waldabenteuer-Feriencamps statt.

Und wenn ihr gern längerfristig hier aktiv sein möchtet: Der Falkenhof sucht regelmäßig Azubis, Tierpfleger*innen und Teilnehmende am Freiwilligen Ökologischen Jahr und am Ökologischen Bundesfreiwilligendienst!

Das Naturerlebnis auf dem Falkenhof lässt sich gut mit einem Ausflug zum Kletterturm Kahleberg kombinieren oder mit einer größeren Wandertour über den kleinen Ravensberg, am Hochmoor des Naturschutzgebietes Moosfenn vorbei und bis zum Waldbad Templin.

Info

Adresse: Ravensberggestell 2, 14478 Potsdam | waldhaus-potsdam.de

Anfahrt: RE7, Tram 91, 93, Bus 611, 693, 699 oder 750 bis Rehbrücke, dann etwa zwei Kilometer Fußweg

Gastronomie: Pausenbrote schmieren oder etwas weiter bis nach Potsdam fahren

Barrierefreiheit: Das Gelände ist weitgehend barrierefrei.

33 Naturkundemuseum Potsdam

Die süße Symbiose des Bitterlings

Das Naturkundemuseum Potsdam zeigt uns, welch faszinierenden Tierwelten direkt vor unserer Nase zu finden sind – sei es im eigenen Garten, in den Brandenburger Wiesen und Wäldern oder in der Havel.

In der Potsdamer Innenstadt könnt ihr im Naturkundemuseum in die wilde Tierwelt Brandenburgs abtauchen. Das Museum hat es sich zur Aufgabe gemacht, Begeisterung für die Tiere und die Natur vor unserer Haustür zu wecken, und zeigt in seinen Ausstellungen die heimische Artenvielfalt der Insekten, Fische, Vögel und Säugetiere Brandenburgs. Die Tierpräparate zeigen zum Beispiel die **Großtrappe**, den **Luchs** und den **Wolf**. Gelegentlich verirren sich sogar **Elche** nach Brandenburg! Ein präpariertes Exemplar dieser äußerst scheuen Waldbewohner könnt ihr hier aus der Nähe bewundern, ebenso die Nachbildung eines **Hamster**-Baus mit seinen vielen Höhlen. Auch biologische Invasionen und ihre Problematiken und Chancen werden in den verschiedenen Ausstellungen thematisiert. Tierpräparate und Modelle zeigen außerdem Tiere aus den heimischen Gärten, unter anderem **Maulwurf**, **Regenwurm**, **Nashornkäfer** oder **Nachtfalter**.

Auch das Aquarium im Keller ist ein wichtiger Bestandteil der Umweltbildungsarbeit im Naturkundemuseum Potsdam. Hier könnt ihr lebendige Exemplare der Brandenburger Fischfauna wie **Bitterling**, **Stichling**, **Wels** oder **Hecht** besuchen und mehr über ihre spannenden Verhaltensweisen lernen. Die Fortpflanzung des kleinen Bitterlings zum Beispiel ist besonders ungewöhnlich: Während der Laichzeit schillern die Bitterling-Männchen in allen Farben des Regenbogens. Neben ihrem auffälligen Kleid benötigen sie aber auch einige attraktive Fluss- oder Teichmuscheln – quasi als vorzeigbare Leihmütter, um die

Ursprünglich Steppenvögel, heute in Brandenburg heimisch: die Großtrappen

Bitterling-Weibchen in ihr Revier zu locken. Die Bitterlinge und Muscheln gehen in dieser Zeit eine sexuelle Symbiose ein: Die Bitterling-Weibchen legen zwei bis drei Eier in die vom Männchen angepriesen Muscheln – und zwar genau in die Kiemen. Anschließend gibt das Männchen Spermien ab, die über das Atemwasser der Muschel in die Kiemen gesogen werden und dort die Eier befruchten. Es handelt sich also um eine äußere Befruchtung innerhalb der Atemwege von jemand anderem! Der Vorgang wird mithilfe mehrerer Muscheln im Revier des Bitterling-Männchens häufig wiederholt. Während des engen Kontakts bei der Eiablage bleiben einige Muschellarven am Bauch der Bitterlinge haften. Die Muscheln nutzen im Gegenzug für ihre sichere Brutstätte die Bitterlinge als Mitfahrgelegenheit für ihre eigenen Jungen hinaus in die weite Welt. Irgendwann fallen die Muschellarven ab und siedeln sich an einer neuen Stelle an. Die Bitterlinge helfen mit ihrer Fortpflanzung den Muscheln also bei der Verbreitung.

Im Naturkundemuseum Potsdam könnt ihr neben den Dauerausstellungen auch regelmäßig Sonderausstellungen und Veranstaltungen besuchen. Immer mittwochs trifft sich der Juniorforscher-Club, und es gibt Ferienprogramme für Familien, Nachtfalter-Exkursionen und Museums-Ralleys.

Jeden ersten Montag im Monat dürfen Kinder gemeinsam mit ihren Eltern bei reduziertem Eintritt im Veranstaltungsraum des Museums mikroskopieren. Mit dem Mikroskop könnt ihr herausfinden, welche Tierarten sich im Wasser verstecken oder wie Muscheln und bestimmte Insekten von Nahem aussehen.

Im Frühling findet außerdem regelmäßig eine Erlebnis-Rallye in Zusammenarbeit mit der Naturschutzjugend (NAJU) Brandenburg statt. Mit euren Ergebnissen der Frühlings-Rallye könnt ihr am Umweltbildungswettbewerb der NAJU Brandenburg teilnehmen.

Info

Adresse: Breite Straße 13, 14467 Potsdam | naturkundemuseum-potsdam.de

Anfahrt: Bus 605 oder 695 bis Naturkundemuseum

Gastronomie: Diverse Restaurants und Cafés in der nördlichen Potsdamer Innenstadt

Barrierefreiheit: Der Haupteingang ist nicht barrierefrei, ein Hub-Lift befindet sich am Hintereingang des Museums. Einen Behindertenparkplatz gibt es in der Lindenstraße. Im Gebäude sind alle Ausstellungsbereiche stufenlos erreichbar, der Kassenbereich nicht. Auf Anfrage könnt ihr auch praktische Klapphocker mit Transportwagen sowie Buggys ausleihen.

34 Zitadelle Spandau

Meet & Greet mit Dracula und Batman

Zahlreiche Mythen und Sagen ranken sich um die flatternden Nachtjäger. Aber keine Sorge, sobald man die kleinen Racker einmal etwas besser kennengelernt hat, sind sie gar nicht mehr so gruselig. Dafür umso faszinierender!

Als einzige aktiv fliegende Säugetiere und nachtaktive Jäger lösen Fledermäuse seit jeher Faszination oder schaurigen Gruselgenuss aus. In Deutschland leben ungefähr 25 der über 1.450 weltweit bekannten Arten der Mikrochiroptera (Kleine Handflügler). Berlin beherbergt sage und schreibe 18 verschiedene Fledermausarten und ist damit die deutsche Fledermaushauptstadt. An der Zitadelle Spandau wurden neun verschiedene Arten nachgewiesen, darunter das **Große Mausohr**, die **Fransenfledermaus** und die **Zwergfledermaus**.

Auf dem Speiseplan unserer heimischen Fledermäuse steht jedoch eher weniger das Blut unschuldiger Jungfrauen. Viel lieber ernähren sie sich von verschiedenen Insekten wie Mücken oder Motten, die sie mithilfe von Ultraschallwellen orten und direkt aus der Luft fangen. Berlins Keller und Bunker sind über den Winter mit so vielen Fledermäusen gefüllt wie die keiner anderen mitteleuropäischen Großstadt. Allein in der Zitadelle Spandau überwintern um die 11.000 wild lebende Fledermäuse!

Im Winterschlaf fahren die Fledermäuse lebenswichtige Prozesse wie Atmung und Herzschlag deutlich herunter, um Energie zu sparen – man müsste daher eigentlich von einem Dornröschenkoma sprechen statt vom tatsächlichen „Schlaf". So überdauern die Fledermäuse kopfüberhängend die frostigen Monate, bis der Frühlingsprinz mit seinen steigenden Temperaturen ihre Herzen wieder höher schlagen lässt. Das Kopfüberhängen ist für Fledermäuse

Zum Ausruhen hängen sich Fledermäuse kopfüber an die Decke.

Die Zitadelle Spandau gilt als Meisterwerk unter den Renaissancefestungen.

übrigens die gemütlichste Schlaf-Position, ganz anders als der Schweine-Baumel bei uns Menschen. Ihre Klauen sind im entspannten Zustand geschlossen. Das Öffnen hingegen kostet Kraft. Daher sind Fledermäuse die absoluten Abhäng-Profis und verbringen den Winterschlaf in ihrer energiesparendsten Position – am liebsten hängen sie eng in Gruppen zusammengekuschelt wie dichte Trauben von der Decke. Jede Störung (zum Beispiel durch herumkrakeelende Menschen mit Taschenlampen) rüttelt die Fledermäuse aus ihrem Dornröschenkoma und verbraucht eine Menge Energie. Passiert das zu häufig, überleben die Fledermäuse den Winter nicht.

Im Fledermauskeller der Zitadelle Spandau könnt ihr jedoch ganzjährig tropische Arten, die keinen Winterschlaf halten, in einem Gehege besuchen. Hier leben **Brillenblattnasen** aus Mittel- und Südamerika und **Nilflughunde** aus dem nördlichen Afrika im umgekehrten Tag-Nacht-Rhythmus. Zwischen

12 und 17 Uhr könnt ihr hier in die künstliche Nacht abtauchen und den flatternden Tieren hinter Glas dabei zuschauen, wie sie Unmengen an Bananen, Melonen, Gurken und Tomaten verschlingen – diese Arten sind nämlich Frutarier. Der Gang zwischen den Schaugehegen ist mit interessanten Infotafeln zu den verschiedenen Arten, der Lebensweise von Fledermäusen und Flughunden und der Arbeit des BAT e.V. ausgestattet. Am Eingang wird um eine Spende gebeten.

Unsere freilebenden Berliner Fledermäuse könnt ihr im Sommer bestaunen. Der BAT e.V. bietet im Spätsommer und Herbst bis einschließlich November Fledermausführungen in der Zitadelle Spandau an. Ab Einbruch der Dämmerung beginnen die kleinen Tiere, über den Himmel zu schwärmen. Ein Spektakel, das sich Fledermausfans nicht entgehen lassen sollten! Aufgrund des hohen Interesses ist eine Anmeldung vorab unbedingt nötig. Zwischen Ende Juni und Ende August bietet der BAT e.V. außerdem Fledermaustouren am Teufelssee und in der Wuhlheide an.

Zu Halloween wird in der Zitadelle Spandau für gewöhnlich ein buntes Abendprogramm mit Fledermaus-Führung für Groß und Klein angeboten. Doch Vorsicht! Hier spukt der Geist der „schönen Gießerin" – die einstige Geliebte des Kurfürsten Joachim II., die nach seinem Tod von seinem Sohn im Juliusturm der Zitadelle eingesperrt wurde und schließlich dort starb. Ob sie sich wohl inzwischen mit dem unsterblichen Dracula angefreundet hat?

Info

Adresse: Am Juliusturm 64, Haus 4, 13599 Berlin | bat-ev.de

Anfahrt: U7 oder Bus X33 bis Zitadelle

Gastronomie: Kaffee und Kuchen in historischer Umgebung: Café Mätresse auf der Zitadelle, Am Juliusturm 64, Im Torhaus, 13599 Berlin

Barrierefreiheit: Der Fledermauskeller ist nur über einige Treppenstufen erreichbar.

35 Fort Hahneberg

Die Jagd nach dem lautlosen Geräusch

Ihr schleicht im Zwielicht der Dämmerung an der Ruine entlang, deren hohe Mauern über euch aufragen. Während ihr euch tiefer in den Wald hineinwagt, wird es immer dunkler … Da! Ein lautes Knacken ertönt plötzlich aus dem Fledermausdetektor.

Das Fort Hahneberg liegt in Spandau an der Grenze zu Brandenburg im Naturschutzgebiet Hahneberg. „Fort“ ist ein altes Wort für „Festung“. Das Fort wurde während des Deutsch-Französischen Krieges 1870/71 geplant, aber erst 1888 fertiggestellt. So war es zum Zeitpunkt der Fertigstellung waffentechnisch längst überholt und diente weitestgehend als Ausbildungsstätte der Infanterie. Heute pflegt der Verein Arbeits- und Schutzgemeinschaft Fort Hahneberg e.V. die Anlage als Baudenkmal.

Am besten erreicht ihr das Fort über den Eingang an der Naturschutzstation Hahneberg. Hier liegt auch ein Seniorengarten, in dem Senior*innen aktiv werden und sich vernetzen können. Jeder ist willkommen und kann je nach Alter, Agilität und Motivation verschiedene Aufgaben übernehmen. Gleich hinter dem Garten beginnt ein Lernpfad, der euch in das Naturschutzgebiet leitet. Auf Informationstafeln entlang des Weges erfahrt ihr Wissenswertes über die Flora und Fauna sowie das Fort. Nach etwa 300 Metern auf dem buckeligen Kiesweg biegt ihr nach rechts ab und lauft nun auf die Tore des Forts zu.

Die Pforte zum Fort

Das Fort Hahneberg und die Umgebung bieten verschiedenen Fledermausarten im Sommer wie im Winter Lebensräume. Der Wald im Naturschutzgebiet ist beispielsweise ideal für den **Großen Abendsegler**.

Das Fort mit seinen Furchen in den steinernen Wänden, die dem Lebensraum einer Felspalte gleichkommen, gibt der winzigen **Zwergfledermaus** Unterschlupf. Die Zwergfledermaus ist eine der

Das Große Mausohr stößt die Ultraschallwellen durch den geöffneten Mund aus.

kleinsten in Deutschland lebenden Fledermausarten. Sie wird nur drei bis fünf Zentimeter lang und höchstens acht Gramm schwer. Mit ihrer Größe könnte sie es sich also gut auf einem Teelöffel bequem machen. So passt sie problemlos in schmale Ritzen von Häuserfassaden und unter die Dachpappe – oder versteckt sich sogar tagsüber hinter eurem Hausnummern-Schild. Mit ausgebreiteten Flügeln wirkt sie viel größer, denn ihre Unterarme, an denen die Flügelhaut sitzt, sind noch einmal fast so lang wie ihr Körper. Wenn ihr die kleine Zwergfledermaus tatsächlich entdeckt, erkennt ihr sie an ihrer Größe, dem rötlich-braunen Fell und den schwarzen, zart-ledrigen Flügeln.

Im Sommer finden rund um das Fort regelmäßig anderthalbstündige Fledermausführungen statt, auf denen ihr die Sommer- und Winterquartiere begutachten könnt und einiges über die Lebensweise und die Jagdgewohnheiten von Fledermäusen lernt. Außerdem wird euch demonstriert, wie die Fledermäuse sich im Dunklen mithilfe der Echoortung orientieren. Hierzu rufen sie Töne in so hohen Frequenzen, dass sie für Menschen nicht mehr hörbar sind. Die Schallwellen werden auf der Führung für euch hörbar gemacht und sozusagen übersetzt. Jede Fledermausart ruft auf einer anderen Frequenz, weshalb ihr die Fledermausart mithilfe eines Fledermausdetektors anhand ihrer Rufe bestimmen könnt. Mit ein bisschen Glück solltet ihr auch einige Fledermäuse über den dämmrigen Himmel flitzen sehen.

Übrigens: Nicht nur Taschenlampen, sondern vor allem festes Schuhwerk sind zwingende Voraussetzung für die Führung!

Am Fort finden auch regelmäßig historische Führungen und Kinderschatzsuchen statt; jedes Jahr werden das Erntedankfest und diverse Familienfeste gefeiert. Rund um den Hahneberg werden außerdem verschiedenen Wanderungen, Führungen, Outdoor-Konzerte und Workshops von der Volkshochschule Spandau und der Naturschutzstation Hahneberg angeboten. Ein buntes Programm!

Info

Adresse: Hahnebergweg 50, 13591 Berlin | forthahneberg.de

Anfahrt: Bus M49 oder M37 bis Hahneberg

Gastronomie: Diverse Restaurants in Wilhelmstadt und Staaken

Barrierefreiheit: Nicht barrierefrei

Gut zu wissen: Das Fort ist nur am Samstagnachmittag geöffnet. Führungen müssen vorab gebucht werden.

36 Wildpark Schorfheide

Warum hast du so große Augen?

… Damit ich dich besser sehen kann! Können Wölfe um die Ecke gucken? Warum heulen sie? Und was haben sie mit gesundem Waldwachstum zu tun? Die Wölfe und das Informationszentrum im Wildpark Schorfheide warten auf eure neugierigen Fragen.

„Wenn ein Land wild genug für Wölfe ist, dann ist es auch wild genug für die menschliche Seele.“ Die Worte des Schriftstellers und Umweltschützers Sigurd F. Olsen prangen an einer Wand im Wolfsinformationszentrum des Wildparks Schorfheide. Der Wildpark Schorfheide liegt im Biosphärenreservat Schorfheide-Chorin nördlich von Berlin. Hier könnt ihr ausschließlich die Wildtiere in ihren weitläufigen Gehegen beobachten, die in diesem Lebensraum heimisch sind. Das sind zum Beispiel **Elche**, **Fischotter**, **Wildscheine** und **Wisente**, aber auch **Luchse** und **Wölfe**. Hinzu kommen seltene Haustierrassen.

Das Wolfsinformationszentrum im Dachgeschoss des Besucherhauses ist sehr zu empfehlen. Der Wolf war in Deutschland zeitweise ausgerottet. Durch seine Unterschutzstellung und einige Fördermaßnahmen breitet er sich nun wieder langsam in seinen ursprünglichen Lebensräumen aus, darunter auch Brandenburg. Da die pelzigen Fleischfresser vielen Menschen nicht ganz geheuer sind, ist hier besondere Aufklärungsarbeit gefragt. Im interaktiven Wolfsinformationszentrum erfahrt ihr einiges über Herdenschutz-Maßnahmen, die Lebensweise und Merkmale der Wölfe und wie ihr euch bei einer Wolfsbegegnung am besten verhalten solltet. Dieses Abenteuer wird den meisten Menschen wohl verwehrt bleiben, da Wölfe sehr menschenscheu sind und unsere stinkenden Füße schon zwei Kilometer gegen den Wind riechen können. Auch steht Rotkäppchen eigentlich nicht auf dem Speiseplan der Wölfe – es sei denn, es hätte zwei Paar Hufe unter seinen Riemchensandalen versteckt.

Przewalski-Pferde haben eine markante Stehmähne.

Da sich das Wolfsinformationszentrum direkt am Eingang befindet, beginnt ihr am besten hier eure Tour. Anschließend folgt ihr dem Rundweg zu den **Luchsen** und **Elchen**, an den asiatischen **Przewalski-Pferden** vorbei zu den Wölfen. Der Wildpark nimmt nur selten Luchse auf, aktuell könnt ihr jedoch das ehemalige Zootier Luna und ihren Sohn sehen, der hier im Wildpark Schorfheide zur Welt gekommen ist.

Bei den Luchsen und Wölfen müsst ihr entweder zur Fütterung vorbeischauen oder ein bisschen Geduld mitbringen. Es gibt jeweils eine erhöhte Plattform, von der aus ihr einen guten Blick über den Zaun auf die Tiere habt – wenn sie sich denn blicken lassen. Da nach der Fütterung meistens noch einige Reste rund um die Plattform liegen, lohnt sich der Versuch aber auch, wenn ihr die Fütterungszeiten verpasst habt. Auf dem Rückweg kommt ihr dann auch an den **Wildschweinen** und **Wisenten** vorbei.

Das über hundert Hektar große Gelände beherbergt die Tiere in weitläufigen Gehegen, um die der Rundweg herumführt. Ihr solltet also ausreichend Zeit einplanen und gegebenenfalls am Eingang einen Bollerwagen für diejenigen unter euch ausleihen, deren Beine etwas schneller schlapp machen. Für die ganz Gemütlichen hat der Wildpark auch Rundfahrten mit der Pferdekutsche im Angebot.

Ein Fernglas ist nicht verkehrt, jedoch geht es auch gut ohne. An einigen Aussichtspunkten stehen außerdem fest installierte Ferngläser, die man mit einer Ein- oder Zwei-Euro-Münze benutzen kann.

Im Eingangsbereich gibt es einen großen Spielplatz. Direkt am Wildpark liegt außerdem der naturnahe Kletterwald Schorfheide.

Info

Adresse: Prenzlauer Straße 16, 16244 Schorfheide OT Groß Schönebeck | wildpark-schorfheide.de

Anfahrt: RB27 bis Groß Schönebeck, dann Bus 904 bis Groß Schönebeck, Forstwerkstatt

Gastronomie: Große Auswahl an Kleinigkeiten: Restaurant Kräuterküche, Eingangsbereich des Wildparks Schorfheide

Barrierefreiheit: Ebenerdiger Rundweg, teils sandig und vor allem am Wolfsgehege mit Wurzeln durchzogen. Das Wolfsinformationszentrum ist barrierefrei über eine lange Rampe zu erreichen.

37 Blumberger Mühle

Zwischen Rotbauchunken und Rotbuchen

In der Blumberger Mühle trefft ihr im Freien auf Tiere und Pflanzen und beschäftigt euch in den Ausstellungen im Naturerlebniszentrum ebenso interaktiv und lehrreich mit den verschiedenen Lebewesen.

Das NABU-Naturerlebniszentrum Blumberger Mühle liegt nordwestlich von Berlin im UNESCO-Biosphärenreservat Schorfheide-Chorin und ist das Hauptinformationszentrum des Weltkulturerbes. Mit dem Auto braucht ihr von der Stadt aus etwa anderthalb Stunden, genauso schnell geht es auch mit Regio und Bus.

Das Gebäude der Blumberger Mühle ist einem hohlen Baumstumpf nachempfunden, der symbolisch für den natürlichen Kreislauf des Lebens steht: Zwar ist ein Baumstumpf ein toter Überrest eines Baumes, jedoch bietet er Lebensraum für viele kleinere Tiere, die den Stumpf Schritt für Schritt zersetzen, seine Nährstoffe einerseits in sich aufnehmen und andererseits wieder in den Boden geben, sodass sie von anderen Bäumen genutzt werden können. Im natürlichen Kreislauf gibt es keinen „Abfall", ein Lebewesen ist in jedem Existenzstadium ein wichtiger Teil des Ökosystems.

Genauso vielfältig wie das Innenleben eines Baumstumpfes sind die Räume in der Blumberger Mühle: Das Hauptthema der Dauerausstellung sind die regionalen Buchenwälder und Moore, die hier spielerisch erkundet werden können. In der temporären Ausstellung stehen immer andere naturnahe Themen im Mittelpunkt. Seit Kurzem gibt es außerdem drei „Aktivräume": ein Wasserlabor, eine Schülerwerkstatt und eine Bibliothek. Hier könnt ihr forschen, werkeln und schmökern. Auch Schulklassen sind herzlich willkommen.

Ausschau halten nach den Schildkröten

Schafe in der Landschaftspflege

Rund um das Zentrum könnt ihr in der Naturerlebnislandschaft spannende Tiere entdecken: Über die Wackelbrücke gelangt ihr in die Teichanlage der **Europäischen Sumpfschildkröten**. An wärmeren Tagen könnt ihr die Schildkröten oberirdisch beim Sonnenbaden beobachten. Hier leben außerdem quakende **Laubfrösche**, **Wechselkröten**, **Rotbauchunken** – und wenn ihr Glück habt, könnt ihr sogar **Fischreiher** oder **Seeadler** bei der Jagd beobachten. Auf dem Gelände werden auch bedrohte Haus- und Nutztierrassen gehalten. Das **Mangalica-Schwein** Frederik freut sich besonders über Gesellschaft, da er seit dem Verlust seiner Partnerin Piggeldy allein leben muss und viel Aufmerksamkeit von den Gästen und Mitarbeitenden braucht. Die Mangalica-Schweine sind eine ungarische Schweinerasse, die durch eine dicke Fettschicht und das dichte, lockige Fell sehr gut für den Winter gewappnet sind. Daher werden sie im Volksmund auch Wollschweine genannt. Trotz der eindrucksvollen Hauer sind Mangalica-Schweine wie Frederik sehr friedfertig und zutraulich.

Auf wechselnden Weideflächen der Naturerlebnislandschaft helfen außerdem **Skuddenschafe** bei der Landschaftspflege. Die Skudden verbeißen die hier nicht heimische Robinie, einen sommergrünen Laubbaum, und halten sie so in Schach, um die natürliche Buchenwaldlandschaft nicht zu gefährden und die Trockenrasen offen zu halten.

Regelmäßig finden Führungen durch die Naturerlebnislandschaft mit all ihren Tieren statt. Aber auch Führungen durch das nahgelegene Naturschutzgebiet Blumberger Teiche, den Buchenwald Grumsin oder durch die Moorlandschaft der Sernitzniederung werden angeboten – die meisten sind ab einer Gruppengröße von sechs Personen kostenlos. Das Naturerlebniszentrum veranstaltet außerdem regelmäßig Familientage, Exkursionen, Feste und Konzerte. An speziellen Thementagen erfahrt ihr hier einiges beispielsweise über die **Fledermäuse**, **Bienen**, Neobiota oder alles rund um das Ökosystem eines Tümpels.

Im Innenhof des Zentrums befindet sich ein gemütliches Bio-Restaurant, das Kuchen und Speisen aus regionalen Zutaten anbietet – denn so ein erlebnis- und lehrreicher Tag macht hungrig!

Info

Adresse: Blumberger Mühle 2, 16278 Angermünde | blumberger-muehle.nabu.de

Anfahrt: RE3 bis Angermünde, dann Bus 462 bis Angermünde, Blumberger Mühle

Gastronomie: Ein Bio-Restaurant mit Kuchen und Speisen aus regionalen Zutaten befindet sich in der Blumberger Mühle.

Barrierefreiheit: Größtenteils barrierefrei, detaillierte Informationen dazu auf der Homepage

Gut zu wissen: Hunde sind auf dem Gelände erlaubt.

Hands on!

Mitmachen und vernetzen

Tiere hautnah zu erleben begeistert Kinder genauso wie Erwachsene. Diverse (Kinder-)Bauernhöfe bieten Kindern und Jugendlichen die Möglichkeit, Verantwortung zu übernehmen und sich gemeinsam zu kümmern. Die hier vorgestellten Tierhöfe sind größtenteils soziale und ökologische Einrichtungen und lokale Kiezgemeinschaften. Neben den Aktionen rund ums Tier gibt es Kräuter- und Gemüseanbau, kreative Angebote und Lagerfeuerabende.

38 Jugendfarm Moritzhof

Erwachsene müssen draußen bleiben!

Auf dem Moritzhof können Kinder und Jugendliche Verantwortung in der Tierpflege übernehmen und verschiedene Freizeitangebote nutzen – vom Filzen über Schmiedekurse bis hin zum Korbflechten ist alles dabei.

Die Jugendfarm Moritzhof befindet sich in freier Trägerschaft des Vereins Netzwerk Spiel/Kultur Prenzlauer Berg e.V. Das Angebot des Hofs richtet sich an Kinder und Jugendliche im Alter von sechs bis sechzehn Jahren. Gemeinsam mit Pädagog*innen kümmern sie sich um die Tiere und den Garten und können verschiedene Kreativangebote nutzen. Auch ein FÖJ kann hier absolviert werden. Erwachsene sind nur an Familiensamstagen erlaubt.

Unter anderem gibt es **Ziegen**, **Schafe**, **Meerschweinchen**, **Hühner** und **Hauskaninchen** zu versorgen. Neben den Tieren brauchen auch der Kräutergarten und die Tomaten, Chilis und Paprikas im Gewächshaus Fürsorge. Zudem kann man sich im Filzen, Töpfern, Schmieden und Korbflechten ausprobieren und bei der Veranstaltung von Hoffesten mitarbeiten.

Das Spielhaus des Moritzhofs folgt ökologischen Ansprüchen: Das Solarsystem auf dem begrünten Dach erwärmt im Sommer das Warmwasser und unterstützt in den Übergangssaisons die Heizung. Die Dämmung des Hauses besteht aus Schafwolle. Die Bewässerung des Gartens erfolgt über Regenwasser, das in einer Zisterne gespeichert wird.

Namensgeber des Hofs ist Moritz – „das letzte Einhorn vom Prenzlauer Berg“. Der Ziegenbock Moritz wurde 2000 vor dem Schlachthaus gerettet und verlor bei einem Unfall eins seiner Hörner. Aufgrund eines Herzfehlers wurde er drei Jahre später von seinem Leiden erlöst. In Gedenken an den einhörnigen Ziegenbock trägt die Jugendfarm seither seinen Namen.

Info

Adresse: Schwedter Straße 90, 10437 Berlin | jugendfarm-moritzhof.de

Anfahrt: S Gesundbrunnen | Bus 247 bis Gleimstraße

Gastronomie: Gemütliches Café mit familiärer Atmosphäre: Café Frau Krüger, Kopenhager Straße 37, 10437 Berlin

Barrierefreiheit: Der Hof und das Erdgeschoss des Spielhauses sind barrierefrei. Rollstuhlgerechtes WC vorhanden. Die obere Etage des Hauses ist nur über Treppen zugänglich.

Gut zu wissen: Eintritt frei. Die Gruppenangebote haben unterschiedliche Preise.

39 Kinderbauernhof Pinke-Panke

Soziologisch, ökologisch und pädagogisch

Der Kinderbauernhof Pinke-Panke ist ein Begegnungsort und ländlicher Erfahrungsraum mitten in der Großstadt mit einem vielfältigen Angebot für Kinder und Jugendliche – von Töpferkursen über Backgruppen bis hin zur Tierpflege.

Der Kinderbauernhof Pinke-Panke ist ein pädagogisch betreuter Spielplatz direkt am Bürgerpark Pankow in Schönholz, der Kindern und Jugendlichen ein Bauernhoferlebnis mitten in der Stadt ermöglicht. Neben den Buddelkästen und Klettergerüsten watscheln die **Enten** und **Gänse**. Der **Hahn** kräht und die **Katzen** streichen um die Ecken. Auch **Meerschweinchen**, **Esel**, **Ziegen**, **Schafe** und **Schweine** können hier gepflegt werden.

1991 begann der Kinderbauernhof mit einem kleinen provisorischen Bauwagen auf dem Gelände. Inzwischen stehen hier drei hübsche Fachwerkbauten in traditioneller ökologischer Bauweise aus Holz und Lehm. Es gibt eine Gemeinschaftsküche, eine Feuerstelle und ein kleines Holzhüttendorf. Auf dem Bauspielplatz können sich Kinder und Jugendliche unter Anleitung an Handwerkstechniken versuchen. Koch- und Backgruppen sowie Kreativkurse werden angeboten. Man kann sich nicht nur an der Tierfütterung und -pflege, sondern auch an verschiedenen Gartenarbeiten beteiligen. Sehr beliebt sind auch die geselligen Lagerfeuerabende mit Stockbrot.

Das Angebot richtet sich hauptsächlich an Kinder und Jugendliche im Alter von sieben bis vierzehn Jahren. Es gibt aber auch Aktionen für Jüngere und Ältere. Als sozialer und ökologischer Lernort schafft der Kinderbauernhof Pinke-Panke einen Raum für zwischenmenschliche Begegnungen. Auch die Auseinandersetzung mit ökologischen Umweltkreisläufen wird gefördert. So lernen die Kinder zum Beispiel auch, selbst angebautes Gemüse weiterzuverarbeiten.

Info

Adresse: Am Bürgerpark 15–18, 13156 Berlin | kinderbauernhof-pinke-panke.de

Anfahrt: S Wollankstraße

Gastronomie: Imbiss mit Bratwürstchen auf dem Bauernhof | Gemütliches Brunch-Café gleich um die Ecke: Mirabelle, Schulzestraße 21, 13187 Berlin

Barrierefreiheit: Ebenerdiges Gelände, teils aber sandige Wege

Gut zu wissen: Eintritt für Kinder frei, Erwachsene werden um Spenden gebeten.

40 Amphibien-Mitmachaktion NABU

Kröten, Molche, Frösche, Unken und Salamander

Eine der romantischsten Gelegenheiten, sich als Held oder Heldin zu beweisen: Mit einem Eimer bewaffnet rettet ihr in nur einer Paarungssaison hunderte von Leben! Frösche küssen ist schon lange out – bringt sie lieber sicher über die Straße!

Jedes Jahr im Frühling könnt ihr in ganz Deutschland beim Amphibienschutz mitwirken. Bundesweit werden vom NABU an diversen Wanderrouten von **Kröten**, **Molchen**, **Fröschen**, **Unken** und **Salamandern** Schutzzäune an Straßen aufgestellt, die die Tiere davor bewahren, auf der Straße zu Krötenbrei verarbeitet zu werden. Die Wanderung erreicht ihren Höhepunkt für gewöhnlich im März. Dann müssen die Eimer an den Zäunen mehrmals täglich kontrolliert werden. Jede helfende Hand ist willkommen!

Tausende Erdkröten wandern im Frühling aus den Winterquartieren zur Fortpflanzung in ihre Laichgewässer. Kurz nach Ende des Winterfrostes erreichen die männlichen Erdkröten einen gewissen Hormonstatus, der einen intensiven Klammerreflex auslöst, sobald sie in die bernsteinfarbenen Augen der Weibchen blicken. Hals über Kopf stürzen sich die liebestollen Männchen auf die warzigen Rücken der Herzdamen und lassen nicht mehr los. Wer Pech hat oder unerfahren ist, klammert sich im Hormonrausch auch mal aus Versehen an den nächstbesten Fisch. Blöd gelaufen, der krötige Klammerreflex ist so stark, dass erstmal kein Loslassen in Sicht ist. Wenn ihr also im Gartenteich eine auf dem Karpfen reitende Erdkröte erwischt, wisst ihr, dass die rosarote Brille hier quasi blind gemacht hat … Wer erfolgreich eine Dame der eigenen Spezies erwischt, wird bis zum Laichgewässer huckepack getragen und darf Nachkommen zeugen. Liegt allerdings eine Autobahn oder Landstraße auf dem Weg, kommt ihr ins Spiel: Am Amphibienschutzzaun wandern die Kröten (beim Versuch ihn zu umgehen) so lange entlang, bis sie in einen der eingebuddelten Eimer fallen. Wer seine Damenwahl bereut, kann in der Eimer-Partnerbörse nochmal neu umklammern. Ihr tragt den rangelnden Haufen glücklicher Paare dann sicher hinüber und lasst ihn auf der anderen Straßenseite wieder vorsichtig frei. Na, wenn das keine Frühlingsgefühle weckt!

Info

NABU-Ortsgruppen: nabu.de/wir-ueber-uns/organisation/kontakte/gruppen.html

Interaktive Schutzzaundatenbank: amphibienschutz.de/zaun/zaun_index.html

41 Kinderbauernhof Knirpsenfarm

Gänse auf dem Pausenhof

Grunzen, Meckern, Schnattern, Lachen! Auf dem Kinderbauernhof Knirpsenfarm helfen Kinder und Jugendliche bei der Tierpflege und lernen so, Verantwortung zu übernehmen. Alle gemeinsam und ganz ohne Leistungsdruck!

Der Kinderbauernhof Knirpsenfarm liegt auf dem Grünen Campus Malchow. Die Schulkinder helfen mit, die Tiere zu versorgen und kennen sich gut aus: Die **Ziege** Pinsel sei eigentlich ganz lieb und nur manchmal ein bisschen wütend, erzählen sie. Die **Pommernente** Schnatti auf dem Teich sei sehr gefräßig und aufdringlich. Am Eingangstor müsse man ein wenig aufpassen, nicht über die kleinen **Schweine** Paul und Paula zu stolpern. Auch die **Hühner** und **Gänse** tapern frei durch die Anlage.

Alle Tiere des kleinen Bauernhofs sind Abgabetiere aus privater Haltung, von Tierschutzorganisationen oder Tierheimen. Jedes Tier hat seinen eigenen Namen und wird liebevoll umsorgt.

Der Kinderbauernhof Knirpsenfarm gehört zum Verein Malchower Grashüpfer e.V. Der Schul- und Freizeitverein unterstützt den Grünen Campus und die Knirpsenfarm mit finanziellen Mitteln, Sachspenden und ehrenamtlicher Tätigkeit. Aus einem 1000 Quadratmeter großen Brachland am Schulgelände wurde in den Neunzigern der Bauernhof Knirpsenfarm mit einem Teich, einem Brot- und Pizza-Lehmofen und einem Bauernhaus in ökologischer Bauweise. Der Kinderbauernhof vermittelt den Kindern und Jugendlichen einen verantwortungsbewussten Umgang mit der Umwelt und den Tieren. Gemeinsames Lernen und Lachen ohne Leistungsdruck steht hier im Fokus. Wer sich traut, darf mal vorsichtig die Hand zum Streicheln ausstrecken. Die Tiere werden täglich um 14:30 Uhr zusammen mit einer Gruppe Schulkindern gefüttert. Ehrenamtlich und als Vereinsmitglied können auch die Erwachsenen regelmäßig mithelfen.

Info

Adresse: Malchower Chaussee 2, 13051 Berlin

Anfahrt: Bus 154 oder 259 bis Ortnitstraße

Gastronomie: Ein Picknick im angrenzenden Volkspark Malchower See bietet sich an.

Barrierefreiheit: Das Gelände ist barrierefrei.

Gut zu wissen: Eintritt frei

42 Kinderbauernhof am Mauerplatz

Von Mauertrümmern zum Ziegen-Kletterberg

Einer der ersten Kinderbauernhöfe Berlins entstand vor über vierzig Jahren auf einem Trümmergrundstück an der Mauer. Engagierte Anwohnende gestalteten den Ort zu einem Erlebnis- und Erfahrungsraum für Kinder um.

Seit über vierzig Jahren ist der Kinderbauernhof am Mauerplatz ein Raum für Begegnungen und gemeinschaftliches Engagement. Er wird überwiegend von den Mitgliedern des gleichnamigen Vereins in ehrenamtlicher Arbeit betrieben. Außerdem können hier Freiwilligendienste geleistet werden. Vor allem aber ist die Mithilfe von Kindern beim Füttern und bei der Tierpflege fester Bestandteil des Konzepts.

Auf dem Hof gibt es zum Beispiel **Enten**, **Hühner** und **Ponys** zu versorgen. Die **Ziegen** klettern gerne auf dem großen Steinhaufen in ihrem Gehege herum – mit Ausnahme von Constantin: Der Ziegenbock sitzt am liebsten oben auf dem Futtertrog.

Das Gelände ist so gestaltet, dass es keine Barriere für die wildlebenden **Igel** und Stadt-**Kaninchen** bildet. Daher passen aber auch die frechen **Graugänse** unter dem Zaun durch und laufen meist frei über den Hof. Dabei kann es schonmal vorkommen, dass eine Gans nach euren Zehen schnappt, während ihr über den Hof spaziert. Einfach vorsichtig zurückweichen und ruhig bleiben, dann verlieren sie schnell wieder das Interesse und watscheln weiter.

Auf dem Gelände gibt es außerdem eine Feuerstelle, einen Naturlehrpfad und Blumenbeete, die ebenfalls in Zusammenarbeit mit den Kindern gepflegt werden.

Info

Adresse: Adalbertstraße 71, 10997 Berlin | kbh-mauerplatz.de

Anfahrt: U Kottbusser Tor | Bus 147 bis Adalbertstraße | Bus 140 bis Waldemarstraße/Adalbertstraße

Gastronomie: Rund um das nebenan liegende Engelbecken gibt es viele nette Cafés und Restaurants.

Barrierefreiheit: Der Außenbereich ist barrierefrei.

Gut zu wissen: Hunde sind an der Leine erlaubt. Die Fütterung der Tiere sowie die Nutzung der Toilette und der Feuerstelle nur in Absprache und mit ausdrücklicher Genehmigung. Es herrscht Alkohol- und Rauchverbot.

43 Kinderbauernhof Görlitzer Park

Der Tierführerschein und die Drahtesel-Werkstatt

Der Verein Kinderbauernhof auf dem Görlitzer e.V. betreibt mitten im Görlitzer Park in Kreuzberg eine tierische Oase zum Mitmachen. Kinder und Jugendliche können hier bei der Tierpflege helfen.

Der Kinderbauernhof schafft im Görlitzer Park einen geschützten Ort, an dem sich Kinder frei ausleben und erproben können. Der Verein hat es sich zur Aufgabe gemacht, ökologische Kreisläufe erlebbar zu machen und einen fairen und rücksichtsvollen Umgang mit Tieren aufzuzeigen. Hier werden unter anderem **Esel**, **Ponys**, **Hühner**, **Gänse**, **Ziegen** und **Kaninchen** umsorgt. Der Kinderbauernhof kann von allen besucht werden, das reguläre Angebot richtet sich jedoch hauptsächlich an Kinder aus der Gegend.

Der Verein hat sich der Aufgabe verschrieben, alters-, kultur- und geschlechterübergreifende Kinder- und Jugendarbeit zu leisten. Es gibt verschiedene AGs, die sich mit jeweils einer Tierart beschäftigen, zum Beispiel die Esel- oder die Kaninchen-AG. Außerdem werden Gartengruppen, Hausaufgabenbetreuung, eine Koch-AG und eine Fußballgruppe angeboten. Die Kinder können einen Tierführerschein machen, die Fahrradwerkstatt besuchen und im Kinderplenum mitreden und mitgestalten.

Jeden zweiten Samstag im Monat findet auf dem Gelände ein Kinderflohmarkt statt. Es gibt spezielle Angebote für Kitas und Schulklassen und besondere Ferienprogramme. Für die „Stammkinder“ werden auch Reisen und Ausflüge angeboten. Um Stammkind zu werden, muss man zwischen sieben und fünfzehn Jahre alt sein, an einer AG teilgenommen haben, regelmäßig eigenständig kommen und einen Tierführerschein gemacht haben. Denn es gibt einiges zu beachten: Die niedlichen Ponys Lion und Lollipop beißen gerne mal zu! Die hübschen **Brahma-Hühner** können zwar kaum fliegen, dafür aber sehr schnell sprinten. Trotzdem eignen sich die Brahmas sehr gut für

Brahma-Hühner erkennt man an ihrem gemusterten Gefieder und den fedrigen Füßen.

Anfänger*innen in der Hühnerhaltung, weil sie zutraulich und lebhaft sind. Sie haben einen hohen Futterbedarf, sind aber ansonsten sehr pflegeleicht und winterhart.

Beliebt sind die Brahmas auch wegen ihrer besonderen Gefiederfärbung: Es gibt sie in gold-braun, schwarz-weiß, silber-grau, gelb-schwarz und sogar in bläulich. Die Farbkombinationen wechseln sich im Gefieder in einem hübschen Muster ab. Ihren Ursprung hat diese sehr alte Hühnerrasse in Asien, später wurde sie in Nordamerika mit einigen anderen Hühnerassen gekreuzt. Im 19. Jahrhundert wurden die Riesenhühner auch nach Europa verkauft, und ihre Züchtung kam hier in der Geflügelindustrie aufgrund ihrer Größe stark in Mode. Der Name der Brahma-Hühner deutet auf ihren asiatischen Ursprung in der Region des Brahmaputra-Stroms hin.

Auf dem Bauernhofgelände herrscht stets ein ziemliches Gewusel: Die

Laufenten watscheln in typischer Macho-Manier auf der Suche nach Schnecken herum. Der Brustkörper von Laufenten ist recht ausgeprägt und bewegt sich im zügigen Watscheln bei jedem Schritt von rechts nach links. So wirkt die Laufentencrew immer wie eine Horde aufgepumpter junger Männer, die zum Anabolika-Sommerschlussverkauf eilen. Die **Schafe** freuen sich über Kinderhände, die sie abschlabbern dürfen. Für eine Futtertüte legt ihr 50 Cent in den Spendenkasten. Die frechen kleinen **Bantam-Zwerghühner** – auf dem Hof ist diese Hühnergang unter dem Namen „Spice-Girls" bekannt – klauen den **Eseln** das Wasser aus dem Napf und laufen zwischen den begeisterten Kindern herum. Usprünglich stammen die Bantam-Hühner aus Indien, genauer gesagt aus der Region Bantam auf der indonesischen Insel Java – daher der Name – und wurden wie so viele Tierarten von Händlern nach Europa gebracht.

Info

Adresse: Wiener Straße 59B, 10999 Berlin | kinderbauernhofberlin.de

Anfahrt: U Görlitzer Bahnhof | M29 bis Spreewaldplatz

Gastronomie: Diverse Cafés in der nahegelegenen Reichenbergstraße: Die Zimtschnecke, Reichenberger Straße 107, 10999 Berlin, oder Five Elephant Kreuzberg, Reichenberger Straße 101, 10999 Berlin | Der „geheime" Berlin-alltime-favorite: der sudanesische Imbiss Sahara, Reichenberger Straße 71, 10999 Berlin

Barrierefreiheit: Ebenerdiges Gelände

Gut zu wissen: Samstags hat der Kinderbauernhof ausschließlich für Kinder von 6 bis 15 Jahren geöffnet. Alle anderen Altersgruppen müssen an einem anderen Wochentag vorbeischauen.

44 Natur- und Abenteuerspielplatz Köpenick

Abenteuer mit Freddie, Klaus und Pebbels

Von der Pony-AG über Batik- und Graffiti-Kurse bis hin zum Hängebauchschwein neben dem Barfußpfad: Der Natur- und Abenteuerspielplatz Köpenick hat ein tolles Angebot an Kinder- und Familienaktionen.

Hier ist die Welt noch in Ordnung – der Natur und Abenteuerspielplatz Köpenick ist eine idyllische Oase für alle, die es tierisch, kreativ und grün mögen. Das naturnah strukturierte Gelände deckt diverse Interessensbereiche ab. Hier könnt ihr euch auf dem Bolzplatz austoben, die Kräuterbeete versorgen, die Kletterbäume besteigen und die Tiere in ihren Gehegen bewundern. Einige der Tiere dürfen frei nach Lust und Laune über den Hof stromern, darunter die **Hängebauchschweine**. Meistens liegen Klaus, Freddie und Pebbles gemütlich im kühlen Matsch, manchmal stapfen sie aber auch kreuz und quer über das Gelände – dann müsst ihr aufpassen, keine Lebensmittel auf Schweinehöhe aufzubewahren. Die sind sonst schneller weg, als ihr „Oh, Hängebauch!“ fluchen könnt!

Die **Ziegen** Trude, Egon, Hans und Alaya freuen sich über mitgebrachten Löwenzahn aus dem Nachbarschaftsgarten. Der Hahn Shio ist ein **Seidenhuhn**, das aus schlechten Haltungsbedingungen gerettet wurde. Er guckt ein wenig verdutzt unter seiner langen Haarpracht hervor, aber seine Rolle als Oberhaupt des Spielplatzes nimmt er mit aufgeplusterter Brust sehr ernst. Ganz hinten, neben dem **Pony**-Gehege, könnt ihr das geschäftige Ein- und Ausfliegen der **Bienen** aus ihren Stöcken beobachten.

Regelmäßig finden auf dem Natur- und Abenteuerspielplatz Aktionen wie die Papa-Kind-Gruppe, die Pony-AG oder der Familienflohmarkt statt. In den Sommerferien gibt es außerdem Workshops wie das Gartenprojekt für junges Gemüse oder die Kreativ-Werkstattt. Für die einzelnen Tiere könnt ihr außerdem Patenschaften übernehmen.

Info

Adresse: Alte Kaulsdorfer Straße 18, 12555 Berlin

Anfahrt: S Köpenick | Bus X69 bis Hoernlestraße

Gastronomie: Es befindet sich ein kleiner Imbiss auf dem Gelände, der neben Eis, Kuchen und Limonade auch den Honig aus eigener Produktion verkauft.

Barrierefreiheit: Das Gelände ist ebenerdig.

Gut zu wissen: Der Eintritt ist frei. Spenden sind willkommen.

45 Kinderbauernhof in der ufaFabrik

Wo jeder alles machen kann

Hier können die Kinder mit den Gösseln um die Wette laufen! Im vielfältigen Angebot des ökologischen Kulturzentrums ufaFabrik ist für alle Kleinen und Großen etwas zum Mitmachen dabei. Das Bauernhofprogramm ist jedoch nur für Kinder gedacht.

In der ufaFabrik am Tempelhofer Hafen finden nicht nur Konzerte, Theater und Tanz statt. Es gibt auch Selbstverteidigungskurse, Seminare zu verschiedenen Nachhaltigkeitsthemen, Kurse für Schwangere, einen Kinderzirkus und das Nachbarschafts- und Selbsthilfezentrum (NUSZ). Kurz gesagt – eigentlich kann hier jeder so ziemlich alles machen. Dazu gehört auch die Tierpflege auf dem Kinderbauernhof, der Teil des NUSZ in der ufaFabrik ist. Die Einrichtung für Kinder und Jugendliche ist für Eltern und andere Erwachsene nur an bestimmten Tagen geöffnet. Normalerweise sind hier nur Kinder zwischen sechs und vierzehn Jahren erlaubt. Es gibt einen Zirkuswagen für Hausarbeiten und andere Treffen und einen selbstverwalteten Rückzugsort für die Mädchen. Unter pädagogischer Anleitung können sich Kinder und Jugendliche hier um die **Ponys**, **Hausgänse**, **Kaninchen**, **Hühner**, **Meerschweinchen** und **Frettchen** kümmern.

Die weißen Hausgänse laufen frei umher und können mit ihren bis zu 90 Zentimetern Körperlänge so manchem Kind ihren langen Hals über die Schulter legen. Hausgänse sind sehr soziale Tiere, die nicht allein gehalten werden dürfen. Meist leben Gans und Ganter in einer Partnerschaft monogam zusammen, bis dass der Tod sie scheidet. Ab Juli beginnen die Gänse (wie viele andere Vögel auch) ihr Federkleid auszutauschen. Die alten, teilweise beschädigten Federn fallen aus und wachsen nach. Daher müsst ihr euch keine Sorgen machen, wenn die Gänse manchmal ein wenig gerupft aussehen. Dann mausern sie sich (nicht nur sprichwörtlich) und lassen sich schon bald wieder ein dichtes Federkleid stehen.

Info

Adresse: Viktoriastraße 13, 12105 Berlin | nusz.de/kinder-jugend/kinderbauernhof

Anfahrt: U Ullsteinstraße

Gastronomie: Café-Restaurant der ufaFabrik Rudi & Rosa

Barrierefreiheit: Der Außenbereich des Kinderbauernhofs ist barrierefrei, Veranstaltungsräume und WCs sind rollstuhlgerecht.

Gut zu wissen: Der Eintritt ist frei. Spenden sind willkommen.

46 Lamazentrum Berlin-Brandenburg

Die Trekkingtour mit Beruhigungseffekt

No-Drama-Lama! Im Lamazentrum Berlin-Brandenburg könnt ihr eure innere Achtsamkeit, Empfindsamkeit und Selbstwirksamkeit stärken – frei nach dem Motto: Lächle, du kannst sie nicht alle anspucken.

Das Lamazentrum Berlin-Brandenburg liegt in Stahnsdorf nahe der Berliner Stadtgrenze und ist daher aus der Hauptstadt auch mit öffentlichen Verkehrsmitteln noch gut zu erreichen. Das Zentrum ist eine Einrichtung für therapeutische, pädagogische und freizeitliche Angebote mit **Lamas** und **Alpakas**. Die Tiere leben in ganzjähriger Offenstallhaltung und dürfen regelmäßig auf die Weide. Beim sogenannten Lama-Trekking könnt ihr zusammen mit ausgewählten Lamas durch Wald und Wiesen in der Umgebung spazieren, unterwegs picknicken und Wissenswertes über die Tiere und ihre Haltung erfahren.

Lamas und Alpakas sind friedfertige und empfindsame Tiere, die menschliche Stimmungen wahrnehmen und spiegeln können und sich daher als Therapietiere eignen. Durch ihren kultigen Status findet man sie inzwischen als Symboltier der Gelassenheit mit lustigen Sprüchen auf Tassen, T-Shirts oder als Kuscheltier. Lamas haben eine natürliche Zurückhaltung vor Menschen, können aber mittels Training große Zugewandtheit zeigen. Lamas spucken übrigens äußerst selten – nur wenn sie sich stark bedroht fühlen. Bei den gut trainierten und gepflegten Tieren des Lamazentrums müsst ihr euch grundsätzlich keine Sorgen machen – alles kein Problama!

Das Lamazentrum bietet außerdem für Kinder und Jugendliche sowie für Einrichtungen der Erwachsenenbildung einen Lamaführerschein, Lama-AGs und erlebnispädagogische Projekttage an.

Info

Adresse: Dorfplatz 7, 14532 Stahnsdorf | lamazentrum-bb.de

Anfahrt: Bus X1, 601, 622, 623, 626, 627 bis Stahnsdorfer Hof oder Bus 622, 623, 624 und 627 bis Friedrich-Weißler-Platz

Gastronomie: Französische Feinbäckerei Aux Delices Normandes, Dorfplatz 6, 14532 Stahnsdorf

Barrierefreiheit: Besondere Bedürfnisse bitte bei der Anmeldung absprechen.

Gut zu wissen: Bitte fragt euren Wunschtermin für eine Lama-Trekkingtour schon vier bis sechs Wochen im Voraus an.

47 Charlottenburger Ziegenhof

Meckernde Ziegen im familiären Kiez-Flair

Eine kleine verzauberte Kunst- und Öko-Oase mit tierischen Bewohnern versteckt sich in einem Charlottenburger Hinterhof. Wer möchte, kann sich an der Pflege des Ziegengeheges und der Grünfläche beteiligen.

Der Kinderspielplatz im Hinterhof der Danckelmannstraße 16 ist mehr als nur ein schöner Ort zum Schaukeln und Rutschen. Es gibt auch einen Bolzplatz, Kräuterbeete, ein kleines Kunstatelier – und ein Ziegengehege.

Hier leben die **Ziegen** Karuso, Berta, Lolek und Fee und die kleinen Zicklein Fritzi und Biene, die frech in den Futtertrog hineinklettern und vergnügt zwischen den älteren Tieren umhertraben. Da die Ziegen alle verschiedene Fellfarben haben, lassen sie sich mithilfe der Infotafeln am Gehege ganz einfach erkennen und beim Namen rufen. (Dass sie auf den Namen dann auch hören, ist damit nicht gesagt. Aber die Charlottenburger Kinder versuchen es immer noch tapfer jeden Tag aufs Neue!)

Im Frühling und Herbst finden auf dem Ziegenhof Aktionstage statt, an denen ihr in die verschiedenen Möglichkeiten zur Mitarbeit hineinschnuppern könnt. Dazu gehören zum Beispiel Reparaturen am Gehege, Laubharken und Kompost-Umschichten. Denn der Ziegenhof ist ein nichtkommerzielles Nachbarschaftsprojekt des Vereins Blockinitiative 128, das auf ehrenamtlichem Engagement beruht. Ursprünglich sollten hier auf einer ehemaligen Abrissfläche Neubauten entstehen. Die Gemeinschaft aus Nachbar*innen setzte sich aber mit ihrem Engagement für einen Freizeit- und Erholungsraum durch. Geht also am besten einfach mal in der Danckelmannstraße vorbei und achtet auf die Aushänge! Auch Spenden, zum Beispiel für Tierarztbesuche und Ähnliches, sind immer sehr willkommen.

Info

Adresse: Danckelmannstraße 16, 14059 Berlin | goatsofberlin.com/ziegenhof

Anfahrt: S Westend | U Sophie-Charlotte-Platz | Bus 309 oder M45 bis Klausener Platz

Gastronomie: Getränke, Eis und Waffeln gibt es im Café am Eingang des Hofs.

Barrierefreiheit: Der Hof und das Ziegengehege sind ebenerdig, der Spielplatz ist am besten über eine Rutsche und einige Stufen zu erreichen.

Gut zu wissen: Der Eintritt ist frei, Spenden sind willkommen.

48 Tierheim Falkensee

Teens für Haustiere – Engagement im Heim

Im Tierheim des Tierschutzverein Falkensee e.V. könnt ihr euch aktiv für den Tierschutz einsetzen, Verantwortung übernehmen und ausgesetzten oder abgegebenen Schützlingen eure Zeit schenken.

Das Tierheim und der Tierschutzverein Falkensee e.V. möchten junge Menschen für den Tierschutz begeistern und einen respektvollen Umgang mit Tieren fördern. Hierzu finden regelmäßig zwei verschiedene Jugendgruppen statt: Die Kids-Gruppe ist für Kinder im Alter von acht bis elf Jahren, die Teens-Gruppe besteht aus Jugendlichen von 12 bis 17 Jahren. Die Gruppen treffen sich einmal im Monat und setzen sich mit Tierschutzthemen und Verbesserungen für den Alltag im Tierheim auseinander. Es wird zum Beispiel über Nachhaltigkeit und tierfreie Ernährung aufgeklärt oder gemeinsam Tierspielzeug gebastelt.

Ab 18 Jahren könnt ihr dann Mitglied im Tierschutzverein werden und ehrenamtlich so richtig mitmachen. Als ehrenamtliche Mitarbeitende schenkt ihr den **Hunden**, **Katzen** und **Hauskaninchen** eure Zeit und Aufmerksamkeit. Streicheln, Spielen und Gassigehen gehören zu euren Aufgaben, genauso das Reinigen der Tierunterkünfte oder die Fahrt zum Tierarzt. Kurz gesagt: Das Angebot beinhaltet das Rundum-Paket für alle, die sich gerne um Tiere kümmern, aber kein Haustier halten können oder möchten – oder sich gerne mit Gleichgesinnten über Tierschutzthemen austauschen und vernetzen.

Im Tierheim Falkensee können außerdem Praktika absolviert werden. Auch Tier- oder Versorgungspatenschaften könnt ihr übernehmen.

Wenn ihr im Tierheim mitarbeiten, Teil einer Jugendgruppe werden oder euch einfach nur mal die Tiere anschauen möchtet, meldet euch bitte unbedingt vorher an!

Info

Adresse: Dallgower Straße 104, 14624 Dallgow-Döberitz | tierheim-falkensee.de

Anfahrt: RB oder RE bis Falkensee, dann Bus 655 bis Dallgower Straße

Barrierefreiheit: Die Häuser sind nur teilweise barrierefrei zu erreichen, das Gelände ist schwer begehbar.

Gut zu wissen: Anmeldung zur Jugendgruppe unter jugendgruppe@tierheim-falkensee.de

49 Eselfreunde im Havelland

Über Eselsbrücken und Eselsohren

Warum hast du so große Ohren? Damit ich dich besser hören kann! Und warum hast du so große Zähne? Damit ich dich freundlich anlächeln kann! – Na gut, auch um die stacheligen Disteln besser zu zermalmen …

Am Dorfrand von Paaren im Havelland nordwestlich von Berlin leben über zwanzig **Hausesel** in artgerechter Offenstallhaltung auf mehreren Hektar Land. Der Verein Eselfreunde im Havelland e.V. kümmert sich um die Langohren, setzt sich für artgerechte Haltung und gegen Tierleid ein und leistet Aufklärungsarbeit in Form von Seminaren und Kursen. Hier leben hauptsächlich Esel, die aus schlechten Lebensverhältnissen befreit oder vor dem Schlachthaus gerettet wurden. Jeder Esel hat einen eigenen Charakter mit individuellen Stärken und Eigenschaften. So ist Zora zum Beispiel eine sehr schüchterne Esel-Dame, der alte Jakob hingegen sehr neugierig und selbstbewusst und zeigt großes Interesse an Menschen und Pferden. Sandor ist liebenswert und schlau, liebt Herausforderungen wie Hindernisparcours, arbeitet gerne mit Menschen zusammen und ist schon in einigen Film- und Fernsehproduktionen aufgetreten. Ines und Tschutschu sind die dicksten Freundinnen und immer zusammen unterwegs. Überhaupt sind soziale Kontakte unter Artgenossen für Esel von enormer Bedeutung. Nur die Eselin Leona lebte lange allein in einer Ziegenherde und ist daher fehlgeprägt. Eine Zeit lang waren ihr die anderen Esel auf der Koppel eher unheimlich, bis sie sich langsam wieder daran gewöhnen konnte, dass sie selbst ein Esel ist.

Das wichtigste Sinnesorgan der Esel sind die großen Ohren. Esel können hervorragend hören und ihre Ohren einzeln in verschiedenen Richtungen fast um 180 Grad drehen. Je nach Stellung der Ohren könnt ihr außerdem die Stimmung des Esels erkennen: Ein neugieriger Esel blickt euch mit gespitzten Ohren an. Spielen die Ohren unruhig hin und her, ist der Esel nervös oder ängstlich.

Esel sind entgegen der gemeinhin bekannten Auffassung nicht stur, sondern checken in unsicheren Situationen erstmal die Lage, bevor sie sich bewegen. Dieses verharrende Abschätzen verringert unnötigen Energieaufwand und ist eine Anpassung an die gebirgigen und steinigen Steppen Nordafrikas – den Lebensraum der afrikanischen Esel, von denen der domestizierte Hausesel abstammt. Wer bei jeder Kleinigkeit wie von der Tarantel gestochen drauf losflitzt, hat keine Kraft mehr, wenn es wirklich ernst wird und stolpert am Ende noch die steinige Buckelpiste hinab. Ein wild um sich fuchtelnder und flüchtender Esel lenkt außerdem in einer so weitläufigen Landschaft die Aufmerksamkeit von Fressfeinden auf sich. Lieber erst mal unauffällig verharren und die Möglichkeiten abwägen! Esel sind also sehr schlaue Tiere – nicht umsonst baut man sich Eselsbrücken und knickt Eselsohren an wichtige Seiten in einem Buch.

Die Esel des Vereins Eselfreunde werden im Havelland zur Landschaftspflege eingesetzt. Als Steppentiere benötigen sie trockene und magere Standorte, auf denen sie Wildkräuter, hohe Gräser und junge Gehölze knabbern und sich in Sandgruben wälzen können. Esel haben im Unterschied zu vielen anderen Weidetieren eine Vorliebe für pieksige Disteln, Brennnesseln und andere stachlige Gebüsche mit hohem Raufaseranteil. Dadurch helfen die Esel mit, die Lebensräume offen und strukturiert zu halten, was unter anderem für die Zauneidechse und viele verschiedenen Insektenarten hierzulande sehr wichtig ist.

Der Verein Eselfreunde im Havelland bietet ganzjährig Eselwanderungen zu zweit, als Familie oder auch für größere Gruppe an. Auch für Schulklassen und Betriebsausflüge bietet sich das sogenannte Eseltrekking an. Bei der Eselwanderung bzw. dem Eseltrekking spaziert ihr gemeinsam mit den Eseln und einer fach- und ortskundigen Begleitung durch das schöne Havelland und die Wälder der Umgebung. Je nach Anforderungen der Gruppe können Touren in unterschiedlichen Längen veranstaltet werden. In der Nähe gibt es diverse Einkehrmöglichkeiten, das Verzehren eines mitgebrachten Picknicks während der Wanderung ist ebenfalls möglich.

Der Verein bietet außerdem Grundlagenkurse der Esel- und Mulihaltung an. Kinder und Jugendliche können einen Eselführerschein absolvieren. Ausgewählte Esel besuchen auch Seniorenheime, Kindertagesstätten und weitere soziale Einrichtungen. Die besonderen Erfahrungen mit den empfindsamen und friedlichen Tieren sorgen hier für glänzende Augen.

Die Wochenend- und Feiertagstermine sind sehr begehrt und müssen vor allem in der Sommersaison schon Monate im Voraus reserviert werden. Für Termine unter der Woche könnt ihr etwas kurzfristiger planen. Alle Angebote sind auch als Gutschein erhältlich.

Ohne Termin kann man von außen über den Zaun die Esel auf der Koppel beobachten. Das Betreten des Geländes ist allerdings nur mit einem gebuchten Kurs oder einer Wanderung möglich.

Info

Adresse: Gartenstraße 9, 14621 Schönwalde-Glien | esel-freunde.de

Anfahrt: RB oder RE bis Nauen, dann Bus 649 oder 659 bis Paaren im Glien, Dorf

Gastronomie: Kaffee und Kuchen im Museumscafé Stägehaus, Hauptstraße 35, 14621 Schönwalde-Glien

Barrierefreiheit: Besondere Anforderungen an die Wanderungen können am Telefon besprochen werden.

Gut zu wissen: Termine bitte telefonisch werktags zwischen 19 und 21 Uhr vereinbaren. Gut erzogene Hunde können nach vorheriger Absprache mitgebracht werden, müssen auf dem Gelände aber immer an der Leine geführt werden.

Klassisch oder kurios?

In diesem Kapitel findet ihr die Klassiker, die in einem Stadtführer über Tiere nicht fehlen dürfen, genauso wie abenteuerliche Kuriositäten. Macht euch gefasst auf eine Ameisenkolonie im Einzelhandel, Schwimmen mit Pinguinen und Krokodile im Garten. Und wer sagt denn eigentlich, dass nicht auch die Klassiker ziemlich kurios sein können? Sind Giraffen und Ameisen gewöhnlich oder außergewöhnlich? Ist die Haltung von Varis klassisch oder kurios? Schaut euch um und entscheidet selbst!

50 Sea Life Berlin

„Fische sind Freunde – kein Futter!"

Wer eine gehörlose Ohrenqualle sehen möchte und einen Clownfisch, der keine guten Witze erzählt, der ist im Sea Life Berlin genau richtig. Hier könnt ihr Exoten entdecken – aber auch Fische aus der Spree, der Nord- und der Ostsee.

Das Sea Life Berlin liegt zwischen Museumsinsel und Alexanderplatz. Im bunt leuchtenden Korallenriff könnt ihr eure Lieblinge aus dem Film „Findet Nemo" im echten Leben bewundern: Hier gibt es orange-weiß gestreifte **Clownfische** (Nemo und Marlin) und die blauen **Paletten-Doktorfische** (Dorie) zu sehen. Auch einen **Oktopus** mit drei Herzen (Hank), sowie **Dickbauchseepferdchen**, **Kurzschnäuzige Seepferdchen** und verschiedene **Rochen**arten könnt ihr in den Aquarien entdecken.

Neben seinen exotischen Bewohnern hat das Sea Life Berlin aber auch heimische Fischchen der Spree zu bieten, darunter die **Erlitze** und das **Moderlieschen**. Die hierzulande fast ausgestorbenen Erlitzen werden im Sea Life gezüchtet und in Brandenburg wieder ausgewildert.

Ebenfalls zu sehen gibt es die in der Ost- und Nordsee lebenden **Ohrenquallen**, die auf den melodischen lateinischen Name *Aurelia aurita* hören. Gut zu erkennen ist die Ohrenqualle an ihren vier rot-orangen bis rot-violetten Ringen in der durchsichtigen Schirmmitte. Das sind allerdings keine Ohren, sondern die Geschlechtsorgane. Rote Ohren bekommen nur die Männchen, bei den Weibchen sind sie eher violett. Bekannt sind die Quallen für ihre ganz besondere Art der Fortpflanzung: Befruchtete Eier entwickeln sich erst zu einem ungeschlechtlichen, palmenförmigen Polypen, der sich am Meeresboden festsetzt und so überwintert. Erst ein gutes halbes Jahr später, im Frühling, teilt er sich dann in zehn bis zwanzig „Scheiben", die jeweils zu einer eigenen Qualle heranwachsen.

Info

Adresse: Spandauer Straße 3, 10178 Berlin | visitsealife.com/berlin

Anfahrt: Bus 100, 200, Tram M4, M5 oder M6 bis Spandauer Straße/Marienkirche | S Hackescher Markt

Gastronomie: Diverse Cafés und Restaurants ringsum

Barrierefreiheit: Das Gebäude ist barrierefrei zugänglich, behindertengerechte WCs sind vorhanden. Assistenzhunde dürfen mitgebracht werden.

Gut zu wissen: Online können Zeitfenstertickets gebucht werden.

51 Aquarium Berlin

Aus der Tiefsee ins kuriose Dachgeschoss

Ohne Schnorchel oder Tauchausrüstung in schillernd bunte Welten abtauchen – im Aquarium verbringt ihr am besten die grauen Wintertage der Großstadt. Neben Fischen und Quallen gibt es hier auch Reptilien, Amphibien und Spinnen zu entdecken.

Der Großteil unseres Planeten ist mit Wasser bedeckt. Dennoch wurden bisher noch nicht einmal zehn Prozent der Wasserlebewesen erforscht und beschrieben. Einen vergleichsweise winzigen Einblick in diese immensen Lebensräume und ihre Artenvielfalt bietet das Berliner Aquarium. Verglichen mit anderen Aquarien gibt es hier aber trotzdem eine Menge zu sehen: Das Berliner Aquarium ist das größte Schauaquarium in Europa und beherbergt insgesamt rund 13.000 Tiere aus etwa 1.000 verschiedenen Arten!

Hier könnt ihr zum Beispiel schillernde **Clownfische**, **Hängebauchseepferdchen** und die riesigen **Arapaimas** bewundern. Halbtransparente **Quallen** schweben anmutig durch die mystische Unterwasserwelt. Und wer entdeckt zuerst den schwarz-weiß gepunkteten **Leopold-Rochen**, der sich im Sand vergraben hat?

Aber das Berliner Aquarium lässt euch nicht nur in Unterwasserhabitate oder ins Reich der Reptilien blicken, sondern hat auch ein „kurioses Dachgeschoss“: Hier könnt ihr euch von faszinierenden **Skorpionen**, **Schwarzen Witwen** und **Axolotln** verzaubern lassen.

Auch der vom Aussterben bedrohte **Ganges-Gavilal** wird hier gehalten. Die Ganges-Gaviale kommen ursprünglich aus Nepal und Indien – ihr bevorzugter Lebensraum lässt sich aus dem Namen leicht ableiten. Mit ihren fünf Metern Körperlänge und bis zu 200 Kilogramm Körpergewicht sind sie eine der größten noch lebenden **Krokodil**arten.

Info

Adresse: Budapester Straße 32, 10787 Berlin | aquarium-berlin.de

Anfahrt: Bus 100 bis Bayreuther Straße | Bus 200 bis Budapester Straße | U/S Zoologischer Garten | U Kurfürstendamm

Gastronomie: Kaffee und hausgemachter Kuchen: Café Aquarium im 1. Stock des Aquariums Berlin

Barrierefreiheit: Das Aquarium ist barrierefrei, Rollstühle und weitere Gehhilfen können ausgeliehen werden – Reservierung empfohlen. Behindertengerechte WCs sind vorhanden. Es werden inklusive Touren angeboten.

52 Zoologischer Garten Berlin

Die Tiere vom Berliner Zoo

Der Berliner Zoo ist als artenreichster Zoo der Welt selbstverständlich einer der Klassiker, die in einem tierischen Stadtführer nicht fehlen dürfen. Ein klassischer, aber auch kurioser Ort, wie schon die Anreise vermuten lässt.

Am Bahnhof Zoo ist zur Öffi-Rushhour die halbe Stadt unterwegs. Hier steigen die aus, die am Kudamm schlendern und shoppen oder in den Zoopalast gehen wollen – genauso wie die, die sich bei der Berliner Stadtmission ihre heiße Suppe abholen. Und mittendrin steht ihr, versucht den Weg zum Zoo zu finden und dabei nicht von den Tauben abgeschossen zu werden. Haltet nach der Giraffe am Gebäude über dem Fast-Food-Restaurant Risa Ausschau – die schickt euch in die richtige Richtung.

Im Berliner Zoo könnt ihr eine enorme Vielfalt an Tieren bestaunen. Er ist nicht nur der älteste deutsche Zoo (1844 eröffnet), sondern mit fast 20.000 Tieren aus über 1.200 Arten auch der artenreichste der Welt. Von **Affen**, **Raubtieren**, **Pinguinen** und **Nashörnern** über **Elefanten** und **Flamingos** bis hin zum **Weißbartpekari** ist so ziemlich alles dabei. Sowohl draußen als auch in den verschiedenen Tierhäusern lohnt sich ein Besuch bei jedem Wetter. Auf der Webseite könnt ihr nachsehen, wo und wann die nächste Fütterung oder das nächste Tiertraining stattfindet. Zwei Restaurants, mehrere Imbisse und Eisstände finden sich auf dem 33 Hektar großen Gelände. Hier lässt sich also gut und gerne der ganze Tag verbringen!

In der Waldschänke hinter dem Pinguinhaus könnt ihr bequem frühstücken, dann beim Streichelzoo vorbeischauen und eine große Runde über das Gelände laufen. Zwischendurch erfrischt ihr euch mit einem Eis am Zebragehege und hebt euch den krönenden Abschluss bis zum Schluss auf: die **Großen Pandas** im Panda Garden – die einzigen ihrer Art in Deutschland.

Info

Adresse: Hardenbergplatz 8, 10787 Berlin | zoo-berlin.de

Anfahrt: S/U Zoologischer Garten

Gastronomie: Mediterrane Speisen: Restaurant Zoo-Talia | Traditionelle deutsche Küche: Restaurant Waldschänke (beide Restaurants im Zoologischen Garten)

Barrierefreiheit: Es können Rollstühle und Gehhilfen für Klein und Groß (Rollatoren, Bollerwägen etc.) ausgeliehen werden – Reservierung empfohlen. Behindertengerechte WCs sind vorhanden. Es werden inklusive Touren angeboten.

53 Katzenmusikcafé Zur Mieze

Kaffekränzchen mit Katz' und Kuchen

Für wen das genau die richtige Mischung ist, der ist im Katzen-Café Zur Mieze bestens bedient. Aber seid gewarnt – hier ist selbstverständlich die Katze König! Schmusen und Spielen dürfen nur die glückseligen Auserwählten unter den Gästen.

Das Charlottenburger Café betretet ihr über eine kleine Schleuse, eine Ampel am Eingang zeigt euch, ob drinnen noch ein Platz frei ist. Am besten reserviert ihr aber vorab einen Tisch, um auf Nummer sicher zu gehen – denn das Café ist begehrt!

Hier wohnen die fünf ukrainischen **Katzen** Ali, Caroline, Julie, Kenzo und Gretta aus dem Tierschutzverein Hand in Hand for Cats e.V. und versüßen euch den Nachmittag. Begleitet von sanfter klassischer Musik könnt ihr in ruhiger Atmosphäre euren Kaffee schlürfen und geduldig darauf warten, dass die Samtpfoten auf euch zu kommen. Nicht alle mögen aufdringliches Getätschel – Katzen haben nun mal ihre Ansprüche. Kenzo zum Beispiel möchte viel lieber spielen als schmusen. Gretta hingegen liebt Streicheleinheiten. Jede Katze und jeder Kater hat einen eigenen Charakter, über den ihr euch ausgiebig informieren könnt: Eine Beschreibung mit Foto jeder Katze findet ihr auf den Tischen. An den Wänden befinden sich diverse Klettermöglichkeiten und Kuschelplätze. Manchmal machen es sich die Katzen aber auch woanders gemütlich: Wer von der Toilette zurückkommt und feststellen muss, dass sein Platz nun von einem Fellknäuel besetzt ist, der hat Pech gehabt (oder unglaubliches Glück – Ansichtssache). Denn hier haben die Miezen das Sagen! Wenn ihr etwas Zeit mitbringt, könnt ihr euch eins der Katzenspielzeuge nehmen und euch ausgiebig mit den Vierbeinern beschäftigen. Wenn es den Katzen zu trubelig wird, können sie einen Ruheraum aufsuchen – meistens nutzen sie jedoch die gesamten Räumlichkeiten ihres Reviers.

Auf der Karte des Cafés steht neben Kaffee und Tee eine gute Auswahl an hausgemachtem Kuchen.

Info

Adresse: Wilmersdorfer Straße 158, 10585 Berlin | zur-mieze.de

Anfahrt: U7 oder Bus M45 bis Richard-Wagner-Platz

Barrierefreiheit: Café nur über eine Stufe zugänglich.

Gut zu wissen: Kinder unter 10 Jahren haben leider keinen Zutritt.

54 Hundecafé Fellfreunde

Das Hundecafé mit dem WAU

W wie wohlfühlen, A wie artgerecht und U wie Umwelt – WAU! Im ersten und einzigen Hundecafé Berlins genießt ihr in kuschliger GeFELLschaft euren Kaffee und Hundekuchen. Hier sind alle Gäste mit und ohne Hund herzlich willkommen.

Das Hundecafé Fellfreunde in Pankow ist das erste und bisher einzige seiner Art in Berlin. Hier leben einige **Haushunde**, von denen immer zwei oder drei den Tag im Café verbringen. Sie wechseln sich dabei regelmäßig ab, damit jeder Hund genügend Ruhetage vom Cafébetrieb hat. Die meisten der Haushunde sind weiblich, die zwei Männchen Sparky und Lolo sind kastriert. Die Hunde bewegen sich frei im Café und im Außenbereich, nur die Küche ist für sie tabu.

Als Hundeliebhaber*in könnt ihr hierherkommen, um einen gemütlichen Nachmittag mit den Vierbeinern zu verbringen. Im Sommer genießt ihr das schöne Wetter auf der Hollywoodschaukel im Außenbereich, und in der kalten Jahreszeit sitzt ihr gemütlich drinnen vor dem Kamin. Es ist nicht gestattet, die Hunde hochzuheben oder beim Schlafen zu stören. Ansonsten könnt ihr nach Herzenslust Streicheleinheiten verteilen und euch mit den Hunden beschäftigen.

Euren eigenen Hund dürft ihr ebenfalls mitbringen. Auf dem ausbruchsicheren Gelände gibt es keine Leinenpflicht, die Hunde können sich frei bewegen und neue Hundefreundschaften schließen. Aus naheliegenden Gründen sind nur gesunde und flohfreie Hunde erlaubt. Bitte kommt auch nicht mit eurer Hündin vorbei, wenn sie läufig ist.

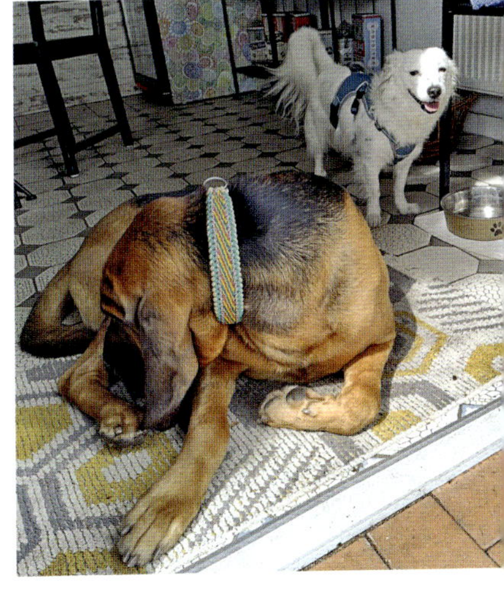

Im Hundecafé Fellfreunde wird auf Nachhaltigkeit geachtet und nach einem Less-Waste-Konzept gewirtschaftet. Recups und Rebowls sind für To-go-Bestellungen in Verwendung, die Speisen und Getränke werden frisch und in nicht zu großen Mengen vorproduziert, um am Ende des Tages so wenig wie möglich ent-

sorgen zu müssen. Daher kann es ab und zu mal passieren, dass beliebte Speisen schon aus sind.

Auf der Karte stehen vegetarische und vegane hausgemachte Gerichte aus regionalen Produkten, darunter Kuchen, Waffeln, Eis und Lasagne. Dazu werden Fairtrade-Kaffee und -Kakao sowie Limonade und alkoholische Getränke angeboten. Für die Hunde gibt es Puppochino (aufgeschäumte laktosefreie Milch mit Hundestreuseln) und Hundekuchen wie den Mach-Männchen-Muffin aus Buchweizenmehl, Hundeeis mit Rind und Hähnchenleber oder Hundekekse – sowohl vegan als auch mit Lamm und Reis.

Im Hundecafé werden außerhalb des Cafébetriebs auch regelmäßig Kurse von Hundetrainer*innen angeboten, außerdem könnt ihr Vorträge und Lesungen von verschiedenen Vereinen mit Hundebezug besuchen. Auch Workshops aus den Bereichen Literatur, Kunst, Kultur, Umwelt und Nachhaltigkeit sowie gemeinnützige Events und Sommerfeste finden hier statt. Auch Geburtstage können im Café gefeiert werden.

Ein Besuch im Hundecafé lässt sich gut mit einem Spaziergang durch den naheliegenden Brosepark verbinden.

Info

Adresse: Beuthstraße 41, 13156 Berlin | fellfreunde.cafe

Anfahrt: Bus 250 bis Herthaplatz | Tram M1 oder Bus 107 bis Kuckhoffstraße

Barrierefreiheit: Kein barrierefreier Zugang zum Café und kein behindertengerechtes WC. Zur Terrasse ist ein barrierefreier Zugang möglich, auch wird bei Rollatoren und Kinderwagen gern Unterstützung angeboten.

Gut zu wissen: Kinder unter 14 Jahren haben nur in Begleitung eines Erwachsenen Zutritt.

55 Tierpark Berlin

Auf Exotentour mit Vari, Takin und Nebelparder

Der Tierpark Berlin ist mit 160 Quadratmetern der größte Tier- und Landschaftspark Europas. Hier leben über 10.000 Tiere, an die alltäglich 21 Bananen und rund 34.000 Eier verfüttert werden!

Betretet ihr den Tierpark durch den Eingang am „Bärenschaufenster", könnt ihr rechts direkt zu den **Eisbären** oder links zu den **Waldbisons** abbiegen. Hinter dem Bisongehege befindet sich die Tierparkschule als außerschulischer Lernort des Tierparks mit einem Lehrpfad zum Thema Stadtnatur. Ganz egal, wo ihr euren ersten Zwischenstopp einlegt: Sowohl von den Eisbären als auch von den Bisons aus kommt ihr auf dem Weg Richtung Regenwaldhaus am Streichelzoo vorbei, in dem sich unter anderem **Ziegen** und **Schafe** aufhalten. Im Regenwaldhaus könnt ihr dann Tiere aus Südostasien wie den **Malaienbär**, den **Nebelparder** oder den **Sumatra-Tiger** bewundern.

Von dort aus spaziert ihr zwischen Kamelwiese und der zukünftigen Elefantenanlage weiter und kommt so zum **Vari**-Wald. Hier werden die zu den Lemuren gehörenden Roten Varis, Gürtelvaris und Schwarzweißen Varis gehalten. Obwohl sie kaum natürliche Feinde haben, sind die Varis vom Aussterben bedroht, da sie im madegassischen primären Regenwald leben und unter illegaler Abholzung und Wilderei leiden. Varis ernähren sich von Früchten und Blättern und schlabbern mit ihrer langen Zunge gerne Nektar aus Blüten. So tragen sie zur Bestäubung der Pflanzen im Regenwald bei.

Hinter dem Vari-Wald gibt es noch mehr Themenwelten zu entdecken: das **Affen**haus, die **Otter**insel und den „Himalaya", ein kleines Gebirge, in dem ihr tatsächlich den Gipfel besteigen und dabei **Schneeleoparden**, **Sichuan-Takine** und **Himalaya-Glanzfasane** kennenlernen könnt.

Info

Adresse: Am Tierpark 125, 10319 Berlin | tierpark-berlin.de

Kontakt: Eingang „Bärenschaufenster": U Tierpark

Gastronomie: Eine kulinarische Reise nach Südamerika: Restaurant Patagona, zwischen Vari-Wald und Fasanerie

Barrierefreiheit: Das Gelände ist barrierefrei, es können kostenfrei Rollstühle ausgeliehen werden. Behindertengerechte WCs vorhanden. Führungen für Menschen mit besonderen geistigen und körperlichen Bedürfnissen werden angeboten.

56 Katzencafé PeePee's

Zuckersüße Katzen und zuckersüße Torten

Im Katzencafé Pee Pee's färbt die Ruhe der Katzen auf euch ab. Hier könnt ihr mit einer Katze auf dem Schoß und einem Stück Kuchen im stressigen Neuköllner Alltag entschleunigen – in eurer Mittagspause oder am Auskatertag.

Alles begann vor elf Jahren mit Pelle und Caruso. Die beiden **Kater** wurden auf der Straße in einem Karton ausgesetzt gefunden. Aus dem Verein Katzen-in-Not e.V. wurden die verschmusten Brüder zum Glück schnell adoptiert und erobern nun im Katzencafé Pee Pee's die Herzen der Gäste. Mit der Zeit kamen auch die Kätzchen Skadi, Odin und Ylvi hinzu.

Ab dem frühen Nachmittag können Berliner Langschläfer hier ein spätes Frühstück mit Katz und Kater genießen. Bitte bringt euren eigenen Kater nur mit, wenn er alkoholischer Natur und von letzter Nacht ist! In dem Fall ist das große Katerfrühstück für euch die richtige Wahl: Das besteht aus Rührei, Lachs, Salat und Brot und bringt zusammen mit einem Kaffee die Lebensgeister wieder in Schwung. Mit einem guten Frühstück im Magen und einer ordentlichen Portion schnurrender Streicheleinheiten lässt sich der Tag besonders gut aushalten.

Neben der Frühstückskarte gibt es auch täglich wechselnde hausgemachte Torten und Kuchen sowie verschiedene herzhafte Snacks wie Quiche, Sandwiches oder Grillkäse mit Hummus und Oliven. Alle Speisen werden aus Zutaten in Bioqualität aus verschiedenen kleineren ausgewählten Läden der Umgebung hergestellt.

Es gibt einen Ruheraum für die Katzen, in den sich die Tiere zurückziehen können. Meistens sind die Katzen jedoch zutraulich und neugierig und kommen gern auf euch zu – vor allem wenn ihr raschelnde Einkaufstaschen dabei habt! Die finden sie besonders interessant und kriechen gerne mal hinein … Bevor ihr geht, müsst ihr die Katze aber schweren Herzens doch wieder aus dem Sack lassen.

Info

Adresse: Thomasstraße 53, 12053 Berlin | peepeeskatzencafe.de

Anfahrt: U Leinestraße | U/S Hermannstraße

Barrierefreiheit: Im Eingangsbereich gibt es eine kleine Stufe, sonst barrierefrei.

Gut zu wissen: Wenn ihr zum Frühstück vorbeikommen möchtet, solltet ihr vorab einen Tisch reservieren. Im Café kann nur bar bezahlt werden.

57 Globetrotter Steglitz

Acromyrmex octospinosus – wie bitte?!

Ihr wolltet eigentlich nur ein paar warme Wandersocken für den nächsten Tagesausflug besorgen, da werdet ihr plötzlich mitten im Shoppingrausch von einer Horde Blattschneiderameisen überrascht!

Im Globetrotter in der Schloßstraße in Steglitz tummeln sich in der ersten Etage **südamerikanische Blattschneiderameisen** (*Acromyrmex octospinosus*). Aber keine Sorge, sie krabbeln euch ganz bestimmt nicht in die Schuhe!

Eine Königin der Ameisenart mit dem unaussprechbaren Namen, der auch glatt als Harry-Potter-Zauberspruch durchgehen könnte, und ihr gesamter Staat leben hier schon seit mehreren Jahren friedlich in einem Terrarium. Sie wuseln munter durch die verschiedenen Röhrchen und Löcher innerhalb des Glaskastens, bauen Brücken aus Blättern und lassen sich aus jedem Winkel bewundern.

Diese Blattschneider-Art lebt für gewöhnlich im Regenwald Mittel- und Südamerikas und kann bis zu fünfzehn Jahre alt werden. Die Ameisen bauen ihre Nester auf der Bodenoberfläche, zum Beispiel in hohlen Baumstämmen. Hier züchten sie sich Pilze heran, von denen sie sich ernähren. Die Fruchtkörper der Pilze werden von den Arbeiterinnen an den Pilzfäden geerntet und an Königin und Brut verfüttert.

Die Schichten des Nests lassen sich dank der Glasscheibe wunderbar betrachten. Die Blattschneiderameisen benötigen in Terrarienhaltung mindestens drei Becken – eins für das Nest, eins mit blättrigen Pflanzen und eins für den Abfall, der sich unter dem Nest ansammelt.

Wer ganz mutig ist, kann sich hier die Nasen an der Scheibe plattdrücken – oder in der passenden Ameisenlektüre blättern, während die Shoppingbegleitung die Wandersocken besorgt.

Info

Adresse: Schloßstraße 20, 1. Etage, 12163 Berlin | globetrotter.de/filialen/berlin

Anfahrt: U Schloßstraße.

Gastronomie: Vegetarisches Powerfood gibt es bei goodies – eat peace in der zweiten Etage.

Barrierefreiheit: Das erste Obergeschoss ist über die Rolltreppe oder den Fahrstuhl erreichbar.

58 Biosphäre Potsdam

Grüne Haut und rote Augen

Ideal für einen Tagesauflug an kalten Tagen: In der Biosphäre Potsdam erlebt ihr einen kleinen exotischen Urlaub mitten in Potsdam. Die Farbenpracht der Tiere und Pflanzen vertreibt den grauen Wintermatsch aus euren Köpfen.

Die Biosphäre Potsdam ist eine Indoor-Tropenerlebniswelt, die 140 verschiedene Tierarten in warm-feuchtem Klima beherbergt. Hier könnt ihr die niedlichen **Weißbüscheläffchen** Manfred und Marianne besuchen oder **Rotaugenlaubfrösche** und **Grüne Leguane** bewundern. Auch einzelne **Jemenchamäleons** gibt es ihr hier zu sehen. Diese verändern ihre Hautfarbe und Musterung je nach Stimmung beziehungsweise Zustand – verschiedenen Töne in grün, gelb, weiß, orange oder rot sind möglich. Ein türkiser Rücken bei einem Weibchen zeigt zum Beispiel, dass es paarungsbereit ist. Kommt es zur Trächtigkeit, bekommt das Weibchen gelbe und blaue Flecken auf der dunkelgrünen bis schwarzen Haut.

Mit ein bisschen Geduld entdeckt ihr vielleicht auch die gut getarnten **Wandelnden Blätter**. Ein tosender Wasserfall, ein Schmetterlingshaus und ein Aquarium sind ebenfalls Teil der Biosphäre. Es gibt Kinder- und Seniorentage sowie öffentliche Fütterungen. Die Biosphäre Potsdam hat außerdem ein vielfältiges Angebot als Eventlocation und außerschulischer Lernort. Ein Café und ein Restaurant mit Urwaldblick laden zu einer kleinen Pause eurer Tropenexpedition ein.

Bei einem Besuch im Sommer lohnt es sich, eine Tagestour mit einem Spaziergang durch den Volkspark Potsdam zu verbinden – von der Biosphäre durch den Park bis zum Schloss Sanssouci spaziert ihr etwa eine halbe Stunde.

Info

Adresse: Georg-Hermann-Allee 99, 14469 Potsdam | biosphaere-potsdam.de

Anfahrt: Tram 96 bis Potsdam Volkspark

Gastronomie: Essen unter Palmen: Restaurant Urwaldblick, Erdgeschoss im Tropengarten | Kaffee und Kuchen auf der Terrasse: Café Tropencamp, am Urwaldsee in der Tropenwelt

Barrierefreiheit: Barrierearmes Gebäude, Räumlichkeiten und Eventlocations sind stufenlos erreichbar. Aufzüge und befestigte Wege in der Tropenhalle. Blindenhunde können mit vorheriger Anmeldung mitgebracht werden.

59 Krokodilstation Golzow

Krokodile und Schildkröten im Garten

Hier gerät man schon mal ins Schwitzen – ob das wohl an den tropischen Temperaturen im Wintergarten liegt oder doch eher an der Sorge vor den spitzen Zähnen?

Am Gartentor des Einfamilienhauses hängen zwei Warnschilder – das eine warnt vor dem bissigen Hund, das andere vor den **Krokodilen**. Der stolze Besitzer der Krokodilstation Golzow ist Kaiman-Liebhaber und war Vorstandsmitglied der AG Krokodile – einer Arbeitsgemeinschaft der Deutschen Gesellschaft für Herpetologie und Terrarienkunde (DGHT). In seinem Haus und Garten hält er verschiedene Krokodile, **Schildkröten**arten und Kaninchen – die Kaninchen als Kroko-Futter, versteht sich.

Die Krokodilstation Golzow ist eine Auffangstation für Tiere, die aus nicht artgerechter Haltung beschlagnahmt und hierher umgesiedelt wurden. Zum Teil leben hier aber auch selbst gezüchtete Nachkommen. Immer wieder geben Leute in der Station ihre Schildkröten ab, weil sie die Lebenserwartung ihres Haustiers unterschätzt haben. Nach vorheriger Anmeldung könnt ihr in der Station vorbeischauen – gern auch als Gruppe oder mit einer Schulklasse.

Zwischen Krokodilgehege und Kinder-Planschbecken hindurch werdet ihr dann zunächst auf die Besucherplattform geführt. Nach einer ausführlichen Präsentation zur Lebensweise der Krokodile und zur Geschichte der Station erhaltet ihr eine Tour durch die Innen- und Außenbereiche, die der Besitzer der Krokodilstation Schritt für Schritt selbst ausgebaut hat. Die aus LEADER-Mitteln der EU geförderte Anlage besteht aus mehreren Außenbecken, einem Wintergarten und einem Erweiterungsbau. Im gläsernen Wintergarten gibt es neben Karlchen, dem allerersten und ältesten Krokodil der Station, auch diverse exotische Pflanzen zu bewundern. Die für die Krokodile

Die Europäische Sumpfschildkröte kann bis zu hundert Jahre alt werden.

optimalen tropischen Verhältnisse gefallen auch den Kaffeepflanzen und Bananenstauden. Sorgen um eure Füße müsst ihr euch nicht machen, die Krokodile befinden sich hinter Zäunen mit Kletterschutz, Fenstern oder in tiefergelegten Becken, auf die ihr von einem Steg aus einen guten Blick habt.

Die vom Archosaurier abstammenden Krokodile leben schon seit über 200 Millionen Jahren auf unserem Planeten und haben seitdem ihre Überlebensstrategie perfektioniert. Die besteht hauptsächlich daraus, gemütlich herumzuliegen. Meistens sieht man sie bewegungslos im Wasser oder an einem sonnigen Plätzchen an Land ausharren. Doch zur Fütterungszeit planschen sie auf einmal sehr viel schneller los als erwartet. Das ist die effektive, energiesparende Jagdstrategie der Meister der Evolution: Sie warten ruhig ab, bis die arglose Beute dicht genug herangekommen ist, dann schießen sie

explosionsartig aus ihrer Starre und schnappen sich das überraschte Beutetier. Es wird hinuntergeschlungen und samt Haut und Knochen vom starken Krokodilmagen verdaut. Die Zähne der Krokodile sind zu spitz zum Kauen, sie eignen sich nur zum Festhalten, Beißen und Reißen. Übrigens sind Krokodile mit Wackelzähnen keine Seltenheit, denn Zähne können ein Krokodilleben lang nachwachsen. Eine weitere Besonderheit ist der Krokodilschwanz, der an der Schwanzspitze immer ein Stückchen nachwachsen kann.

Ein Besuch in der Krokodilstation Golzow ist ein informatives und extravagantes Erlebnis. Kleintierliebhaber*innen sollten sich allerdings mental darauf vorbereiten, eventuell ein aufgetautes Kaninchen im Krokodilmaul zu sehen zu bekommen. Anders beim großen Karlchen: Der verwöhnte Kaiman verträgt nur kleine Mäuse oder Hähnchenschenkel – vielleicht ist ja doch etwas dran an dem Sprichwort „Harte Schale, weicher Kern“.

Info

Adresse: Brandenburger Straße 82E, 14778 Golzow | krokodilstation-golzow.de

Anfahrt: RE1 bis Brandenburg Hauptbahnhof, dann Bus 551 bis Golzow (PM), Schule oder Bus 581 bis Golzow (PM), Brandenburger Straße | RE7 bis Brück (Mark), dann Bus 542 bis Golzow (PM), Brandenburger Straße

Gastronomie: Restaurant und Eiscafé im Ort Golzow

Barrierefreiheit: Die Schaugehege sind nicht barrierefrei zu erreichen.

60 Spreewelten Bad Lübbenau

Happy Humboldt im Bad und hot feet in der Sauna

Sie können nicht fliegen, dafür umso eleganter plantschen – die Pinguine! Im Wellenbad direkt neben den Humboldt-Pinguinen fühlt man sich wie auf einer Expedition im Humboldt-Strom – nur das Wasser ist wärmer.

Im Erlebnisbad Lübbenau könnt ihr **Humboldt-Pinguine** hautnah und in ihrem Element besuchen. Nur eine riesige Glasscheibe trennt das Schwimmbecken vom Pinguinbecken, sodass ihr die Tiere sehr gut unter Wasser beim Tauchen beobachten könnt. Auch vom Kleinkinderbecken aus hat man einen guten Blick auf die Pinguine.

Ab sechs Jahren darf man (in Begleitung) an der Fütterung im Außenbereich teilnehmen, ab zehn Jahren dann an den begehrten Führungen hinter den Kulissen der Pinguinanlage. Auf der einstündigen Führung erfahrt ihr von den Tierpfleger*innen alles, was ihr schon immer über Pinguine wissen wolltet. Bei der Fütterung können einige ausgewählte Gäste die Pinguine unter Anleitung per Hand füttern.

Die Spreewelten bieten neben dem Erlebnisbad mit Innen- und Außenbereich, Rutschen, Wellenbecken und einem Strömungskanal auch einen extra Sauna- und Wellnessbereich. Verschiedene Angebote wie Frauen-, Männer-, Familien- und Seniorentage sowie Feierabendtarife werden an den unterschiedlichen Wochentagen angeboten.

Ein Hotel mit Restaurant und Bar ist ebenfalls Teil der Anlage und ermöglicht euch ein Pinguin-Wochenende oder sogar einen ganzen Pinguin-Urlaub im schönen Biosphärenreservat Spreewald.

Info

Adresse: Alte Huttung 13, 03222 Lübbenau/Spreewald | spreewelten.de

Anfahrt: RE2 oder RE7 bis Lübbenau/Spreewald, dann Bus 602 bis Lübbenau, Busbahnhof

Gastronomie: Großes Büffet im Hotelrestaurant Baldura, Spreewelten Hotel, Alte Huttung 11, 03222 Lübbenau/Spreewald

Barrierefreiheit: Die meisten Bereiche des Erlebnisbads und des Saunabereichs sind barrierefrei, es gibt wassertaugliche Leihrollstühle. Nicht barrierefrei sind die zweite Etage und das Pinguingehege (nur für die Führung relevant, die Pinguine sehen könnt ihr barrierefrei).

REGISTER

ORTE

TIERE

DANKE!

Vielen Dank an Tabea Pauli und den Jaron Verlag für die wirklich schöne und unkomplizierte Zusammenarbeit!
Ein großes Dankeschön geht auch an Madlen Ziege – Dein Feedback zu den Hauptcharakteren dieses Buches hat mir sehr geholfen!
Außerdem möchte ich mich bei Leo und Ed für diverse Kameraausstattung bedanken und bei Charlotte für so manch verrückten Mädels-Roadtrip ins wilde Brandenburg.

Doppelseitige Abbildungen:
S. 12/13: Wildtiergehege Spandau
S. 52/53: Naturpark Nuthe-Nieplitz
S. 82/82: Kinderbauernhof Pinke-Panke
S. 130/131: Kinderbauernhof Görlitzer Park
S. 160/161: Tierpark Berlin